DIE FARBE DES DRACHEN

ERWACHSENE MALVORLAGEN DRACHEN BUCHAUSGABE

Coloring Bandit

Veröffentlicht von Speedy Publishing Canada Limited

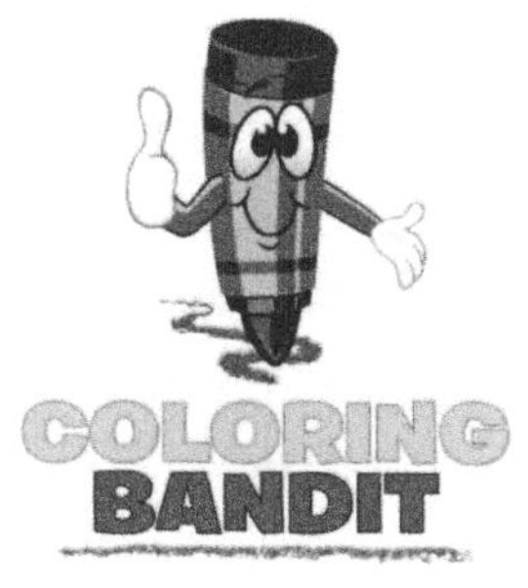

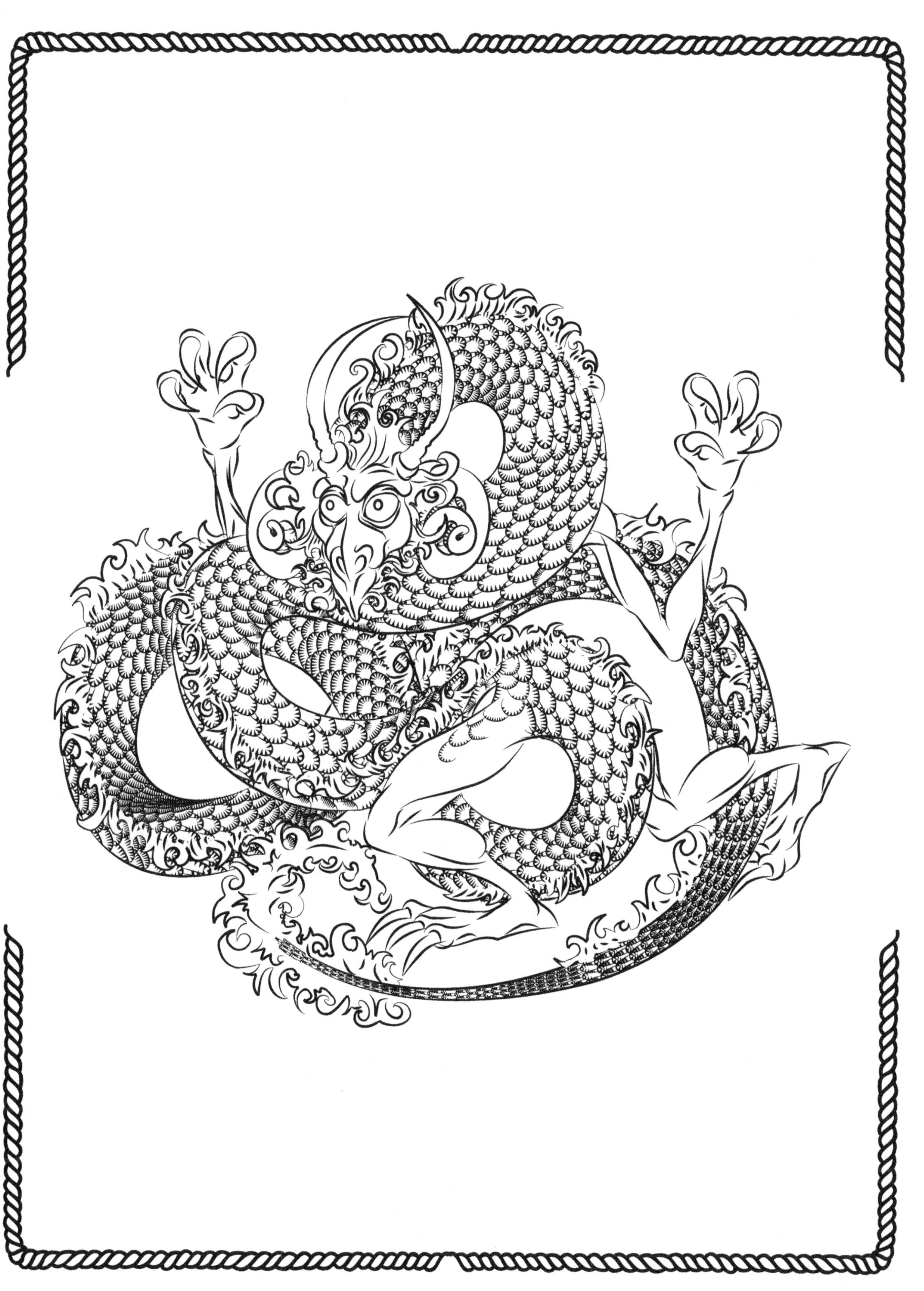

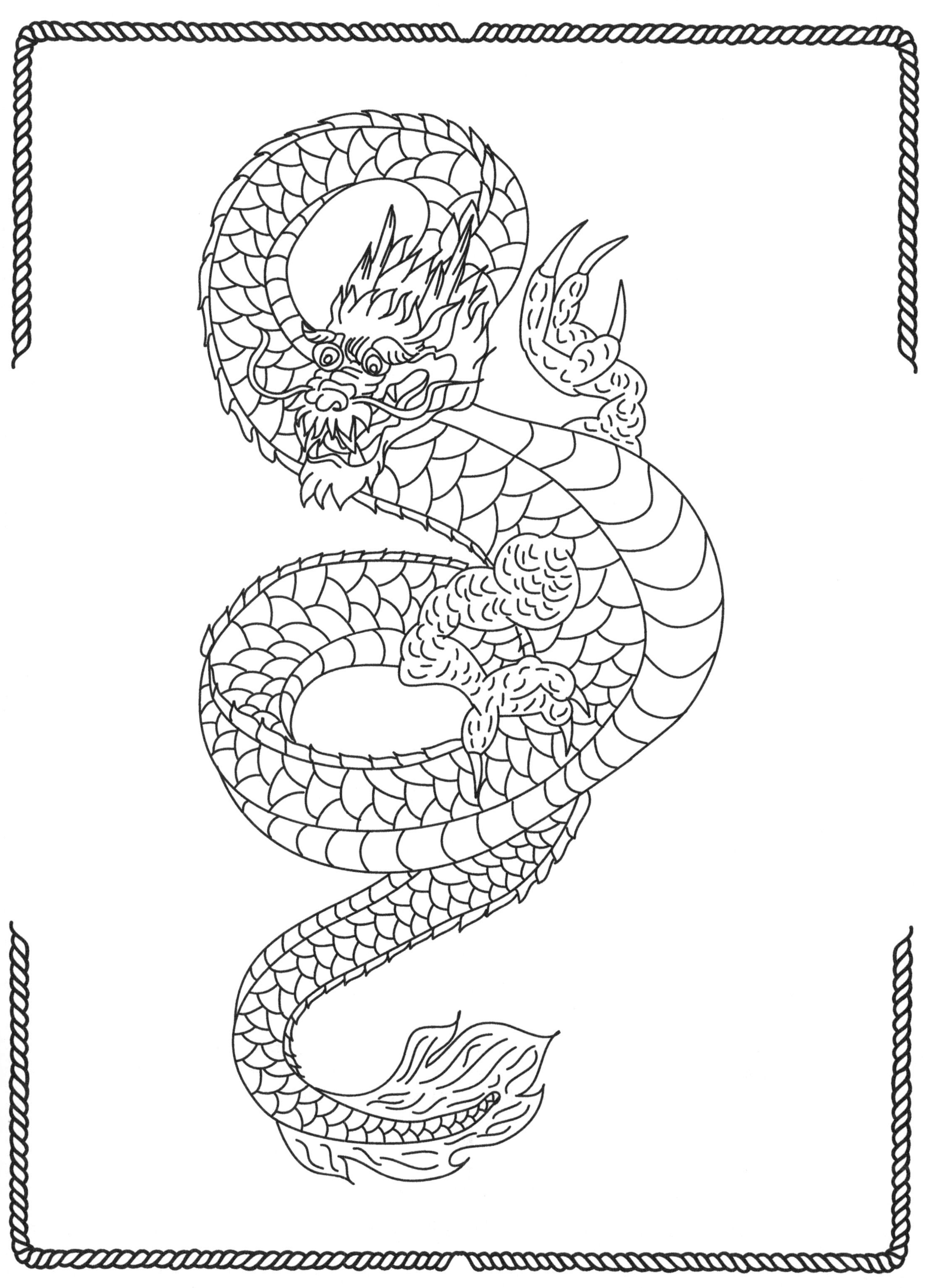

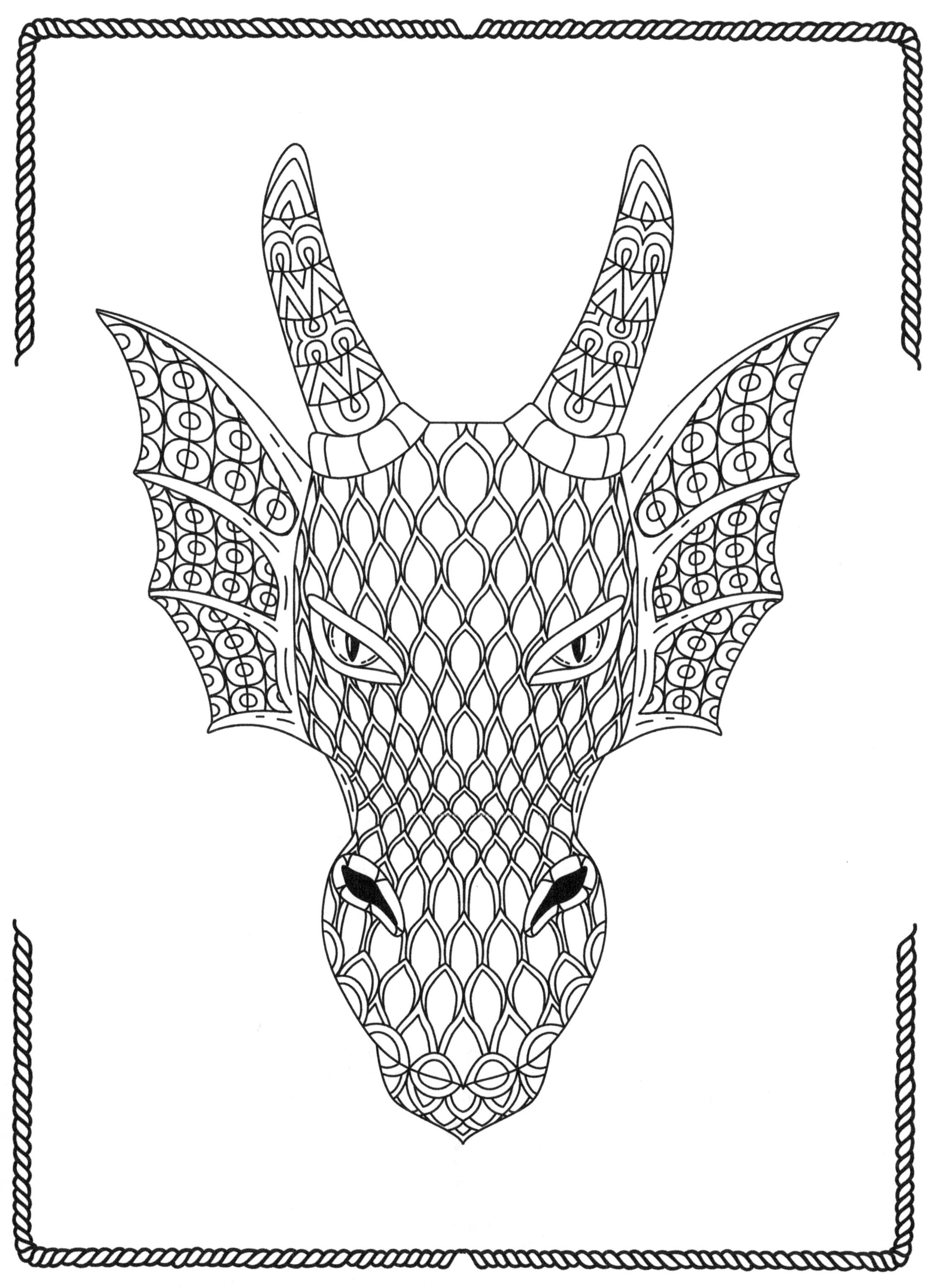

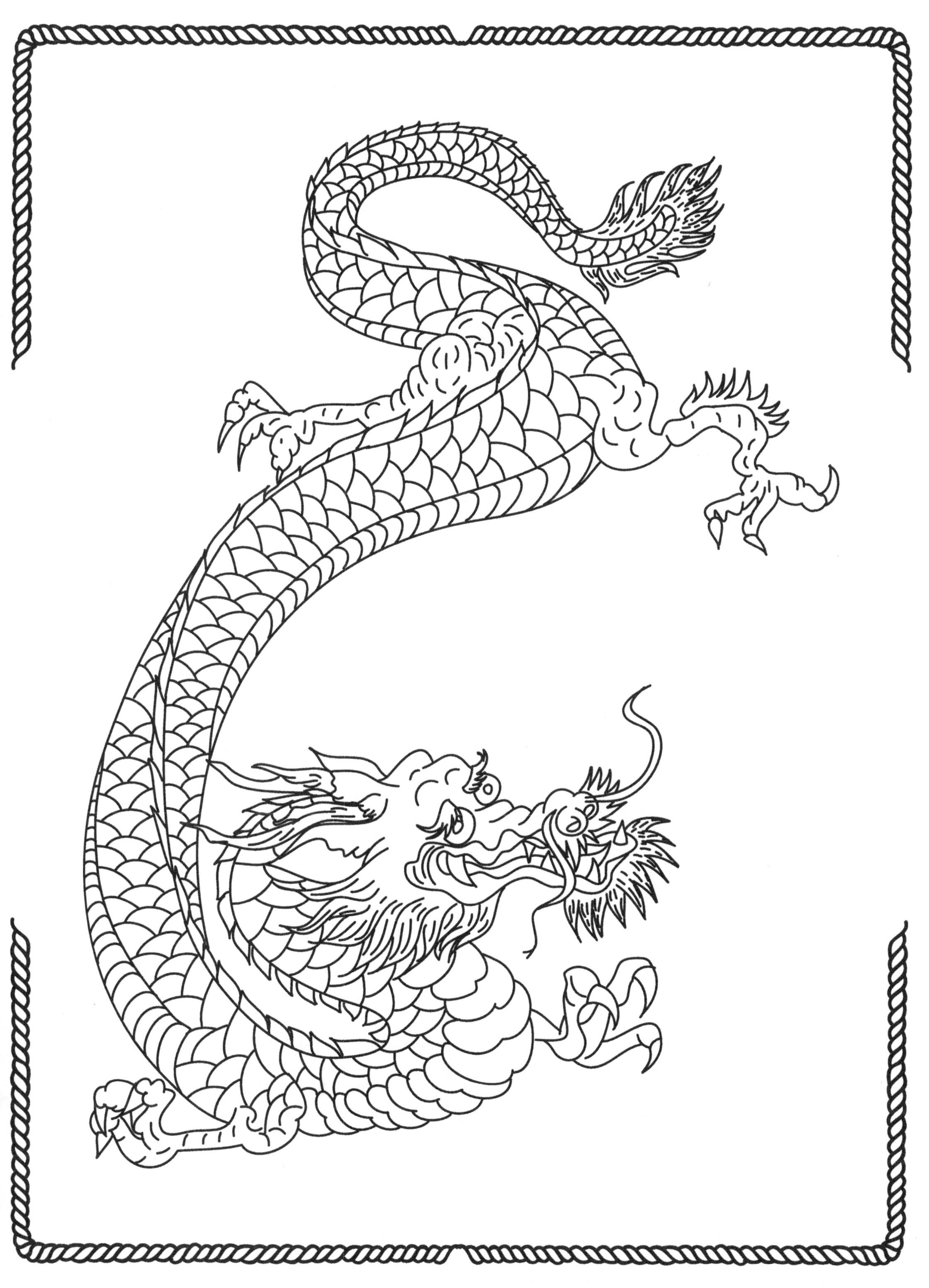

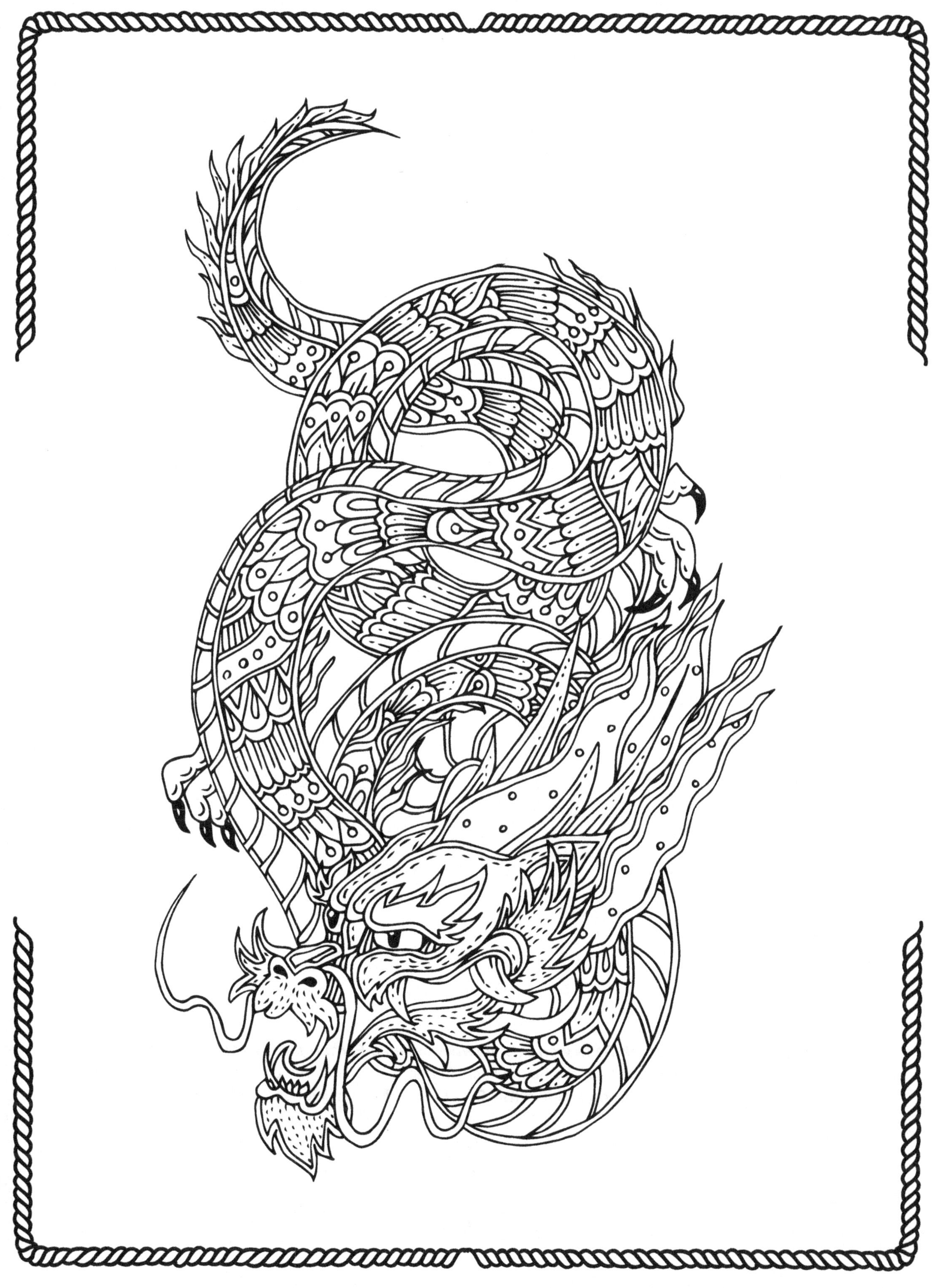

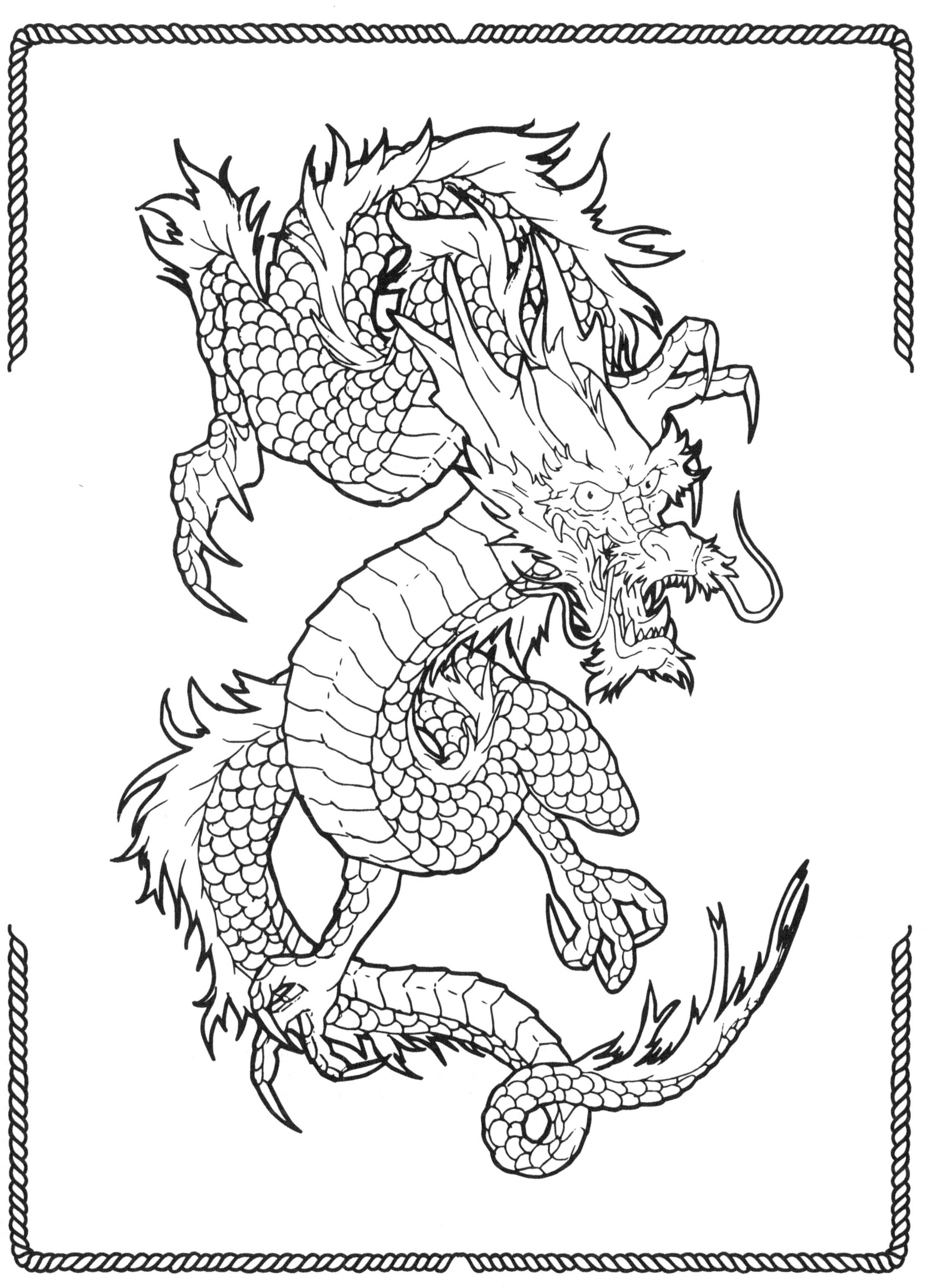

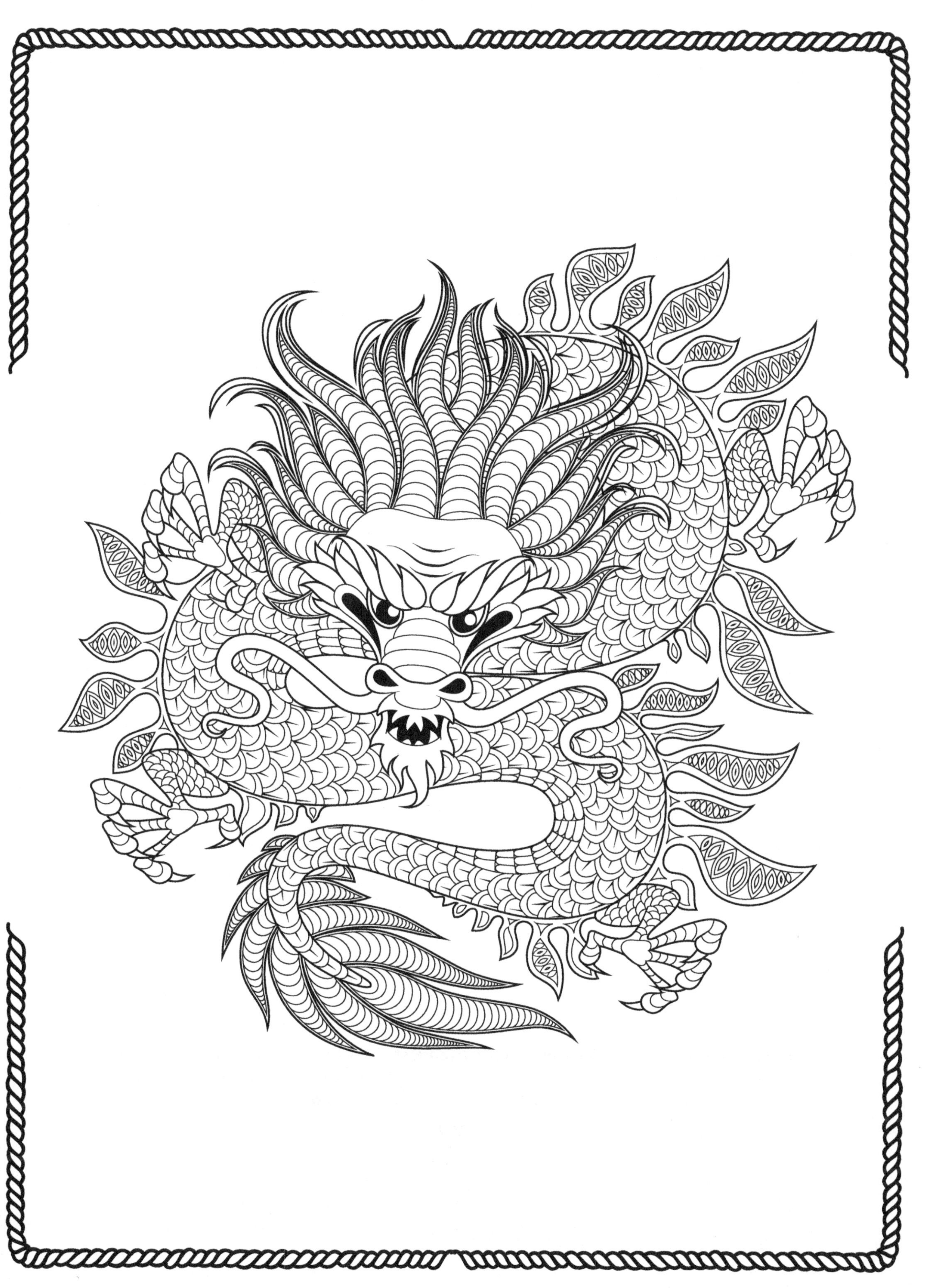

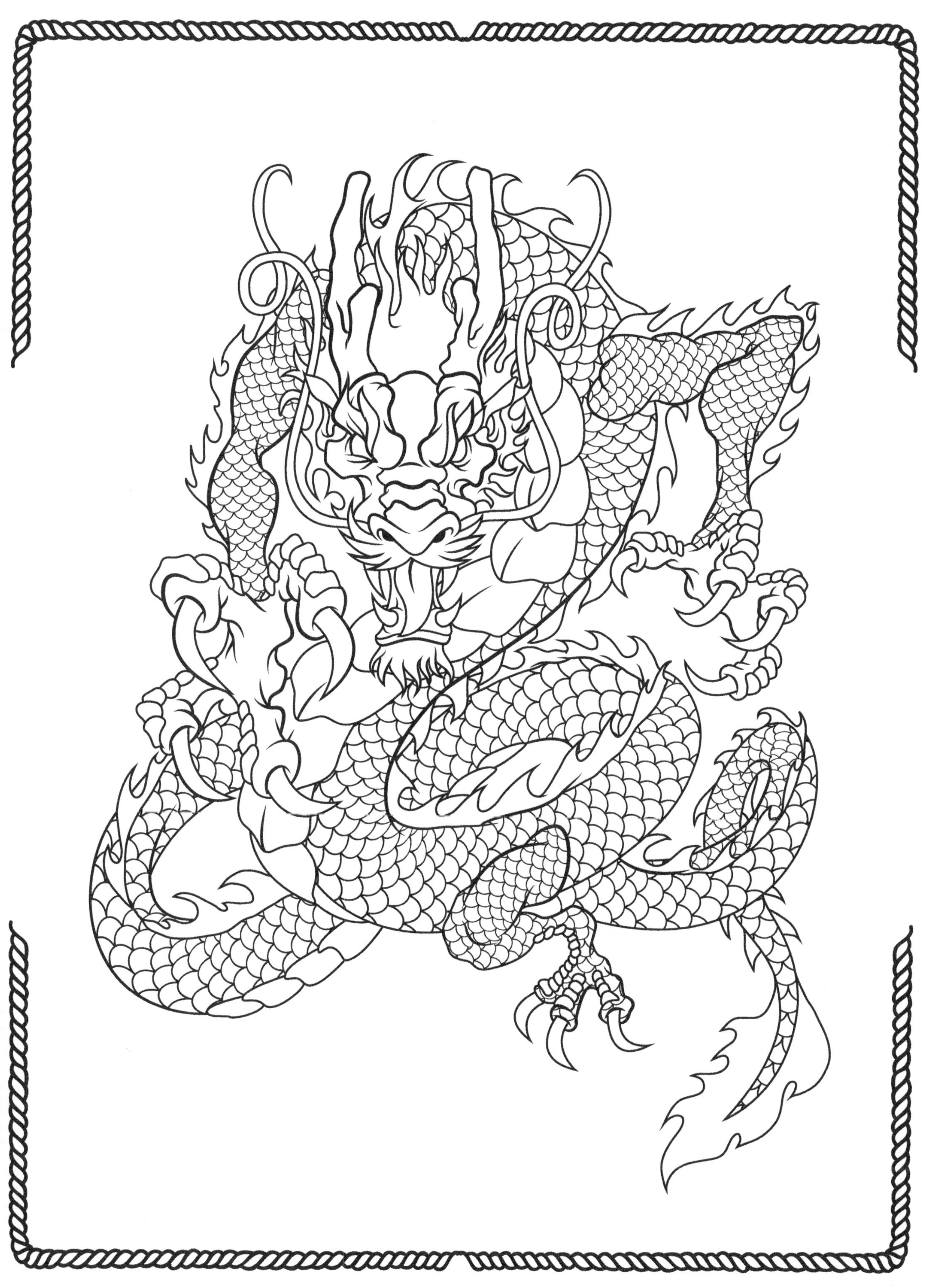

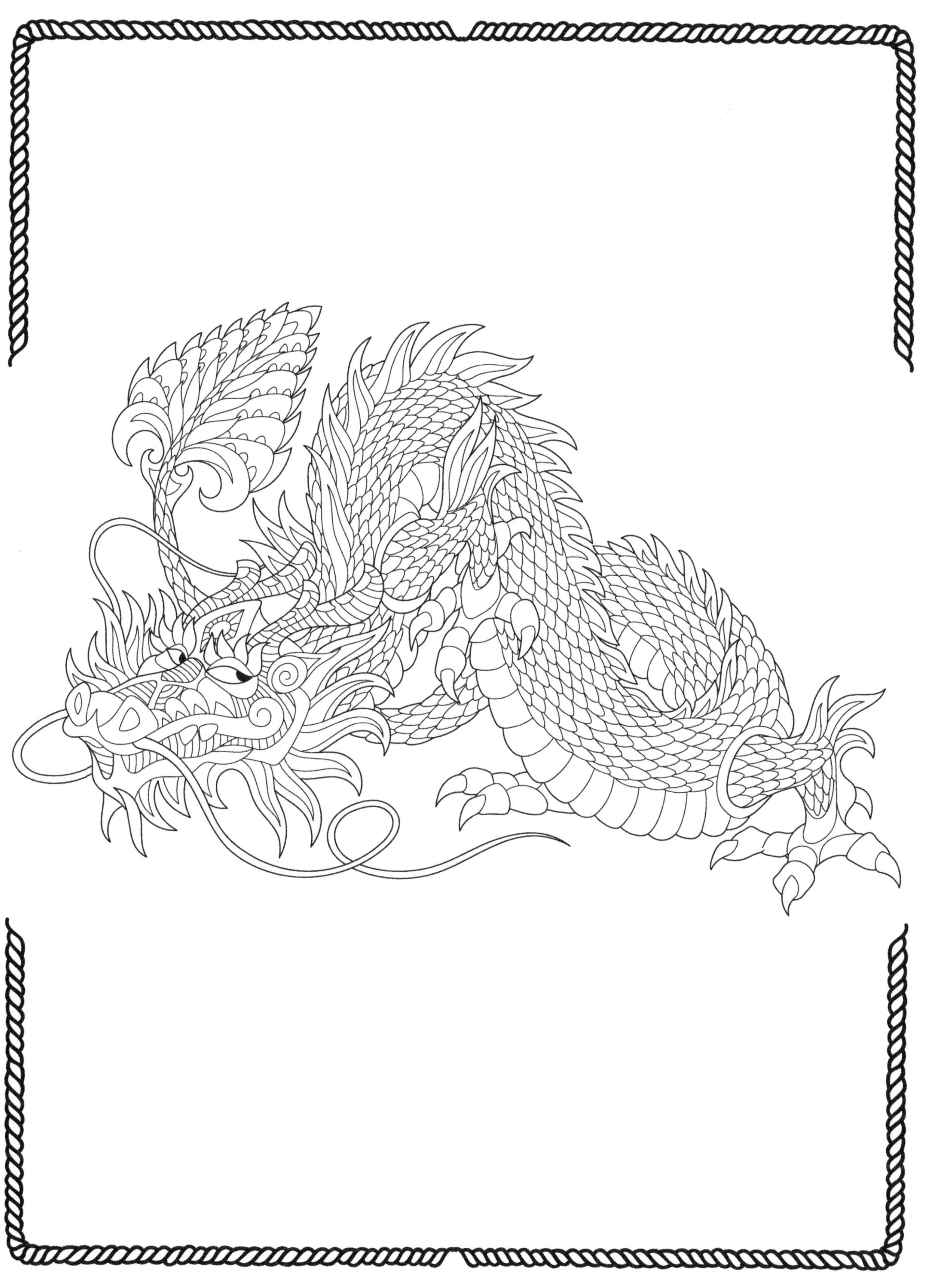

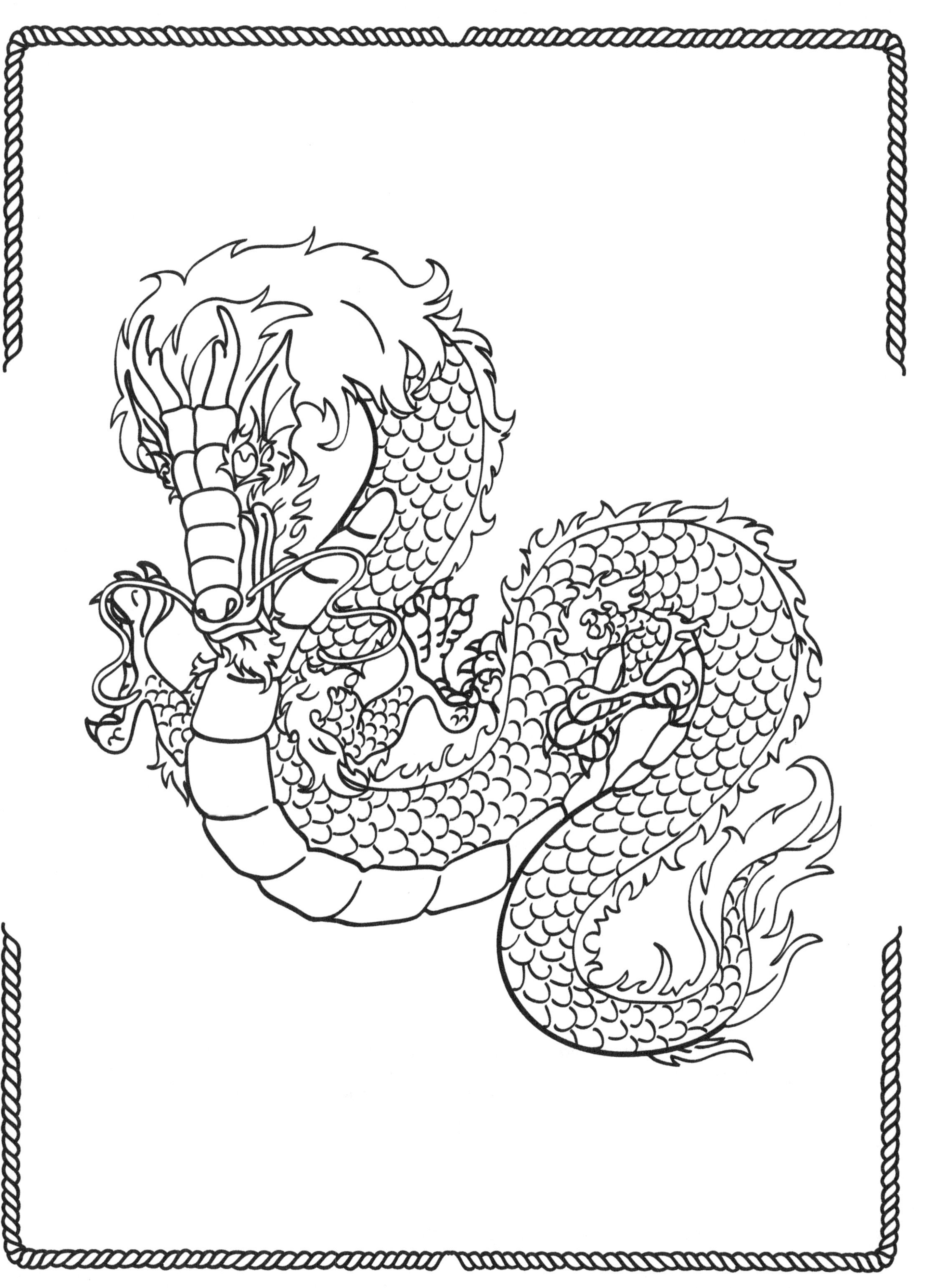

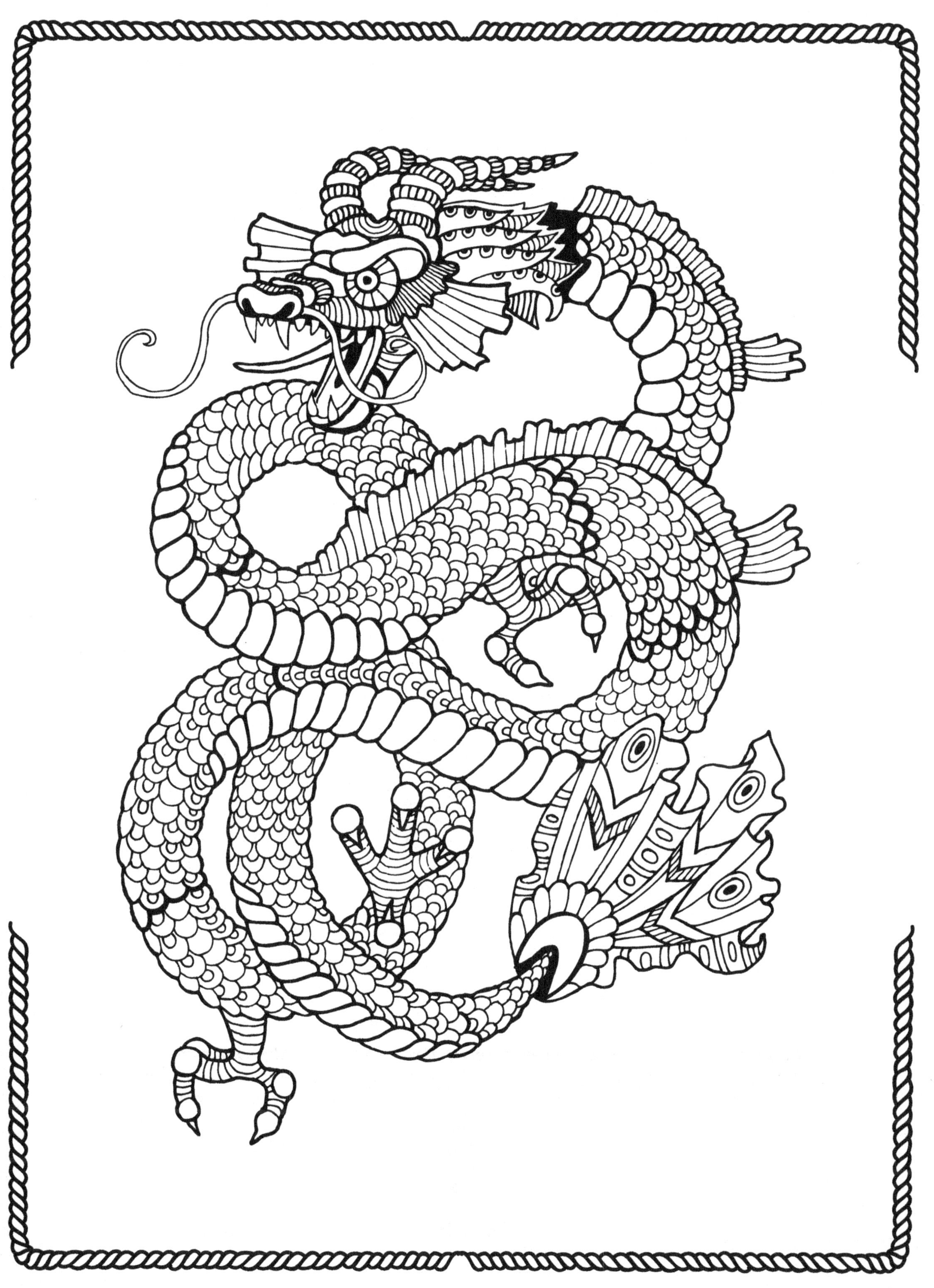

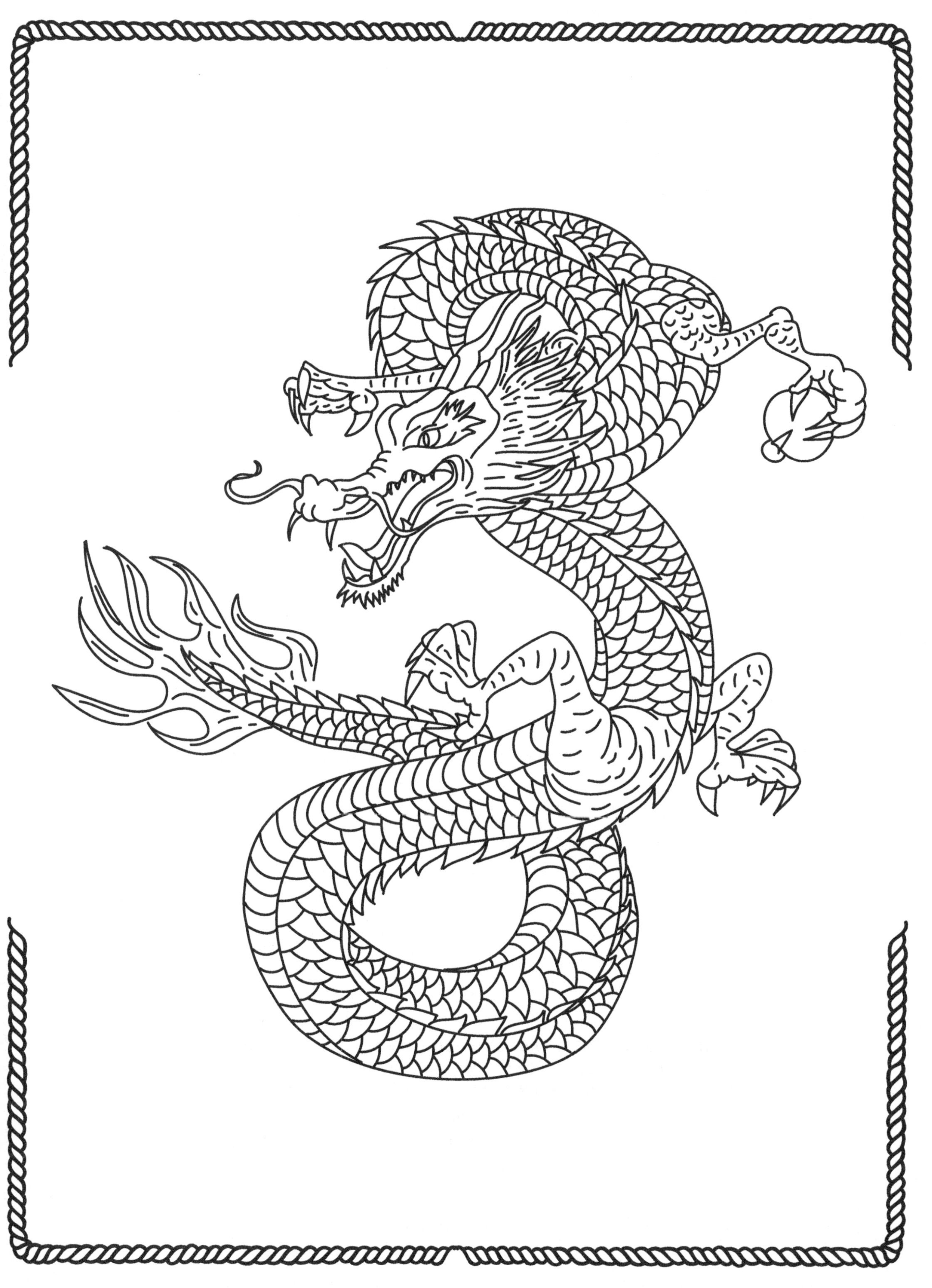

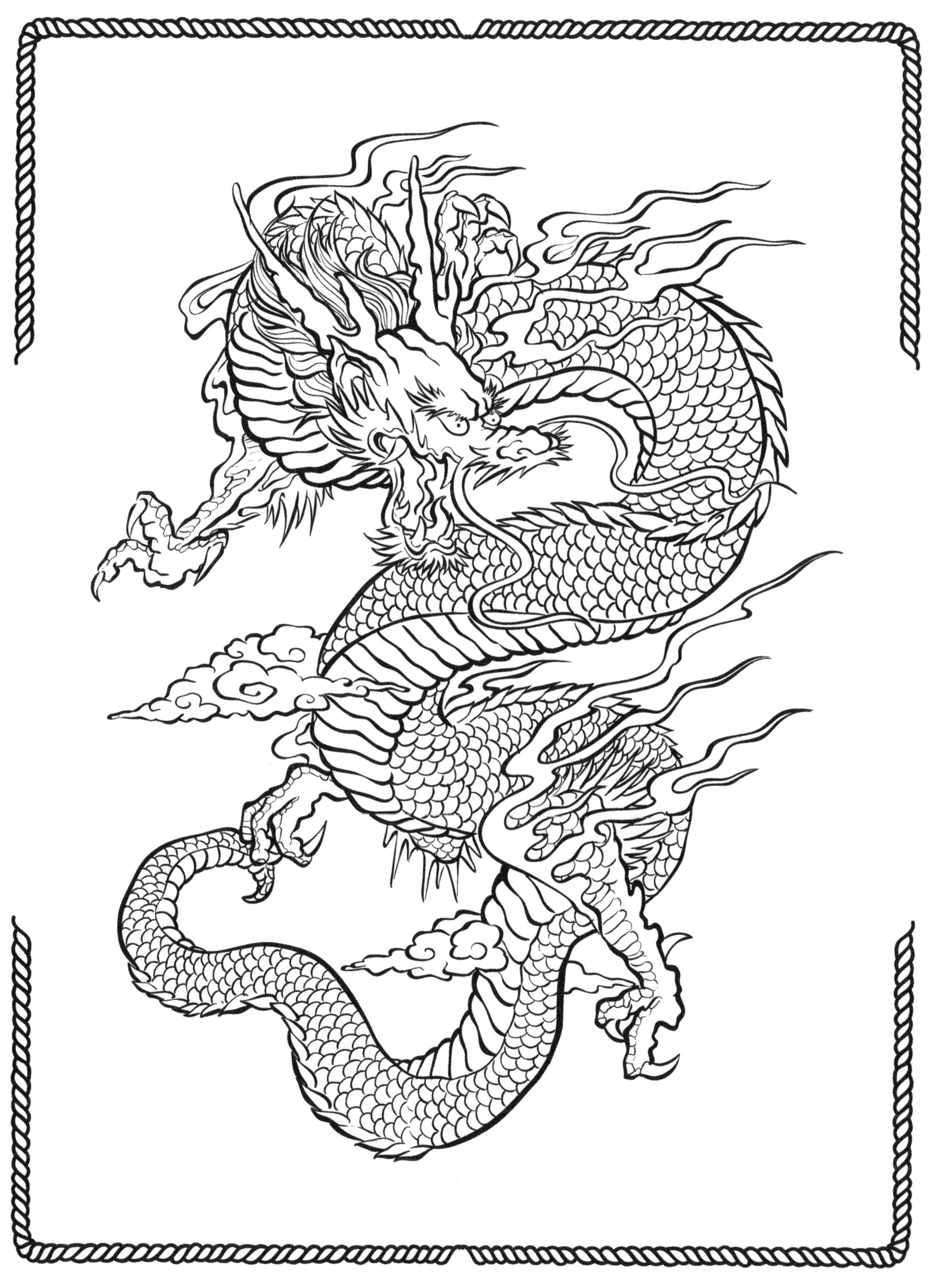

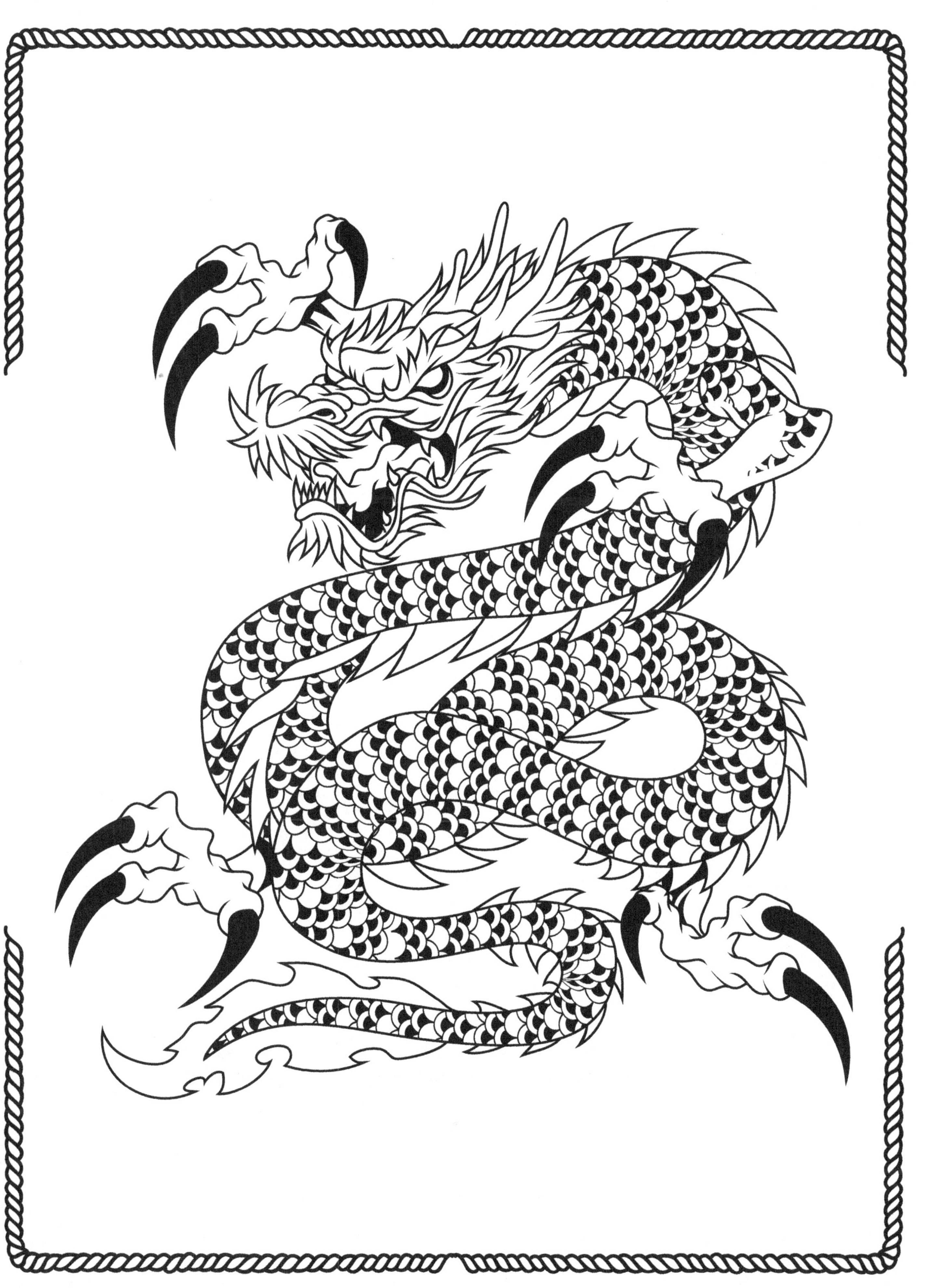

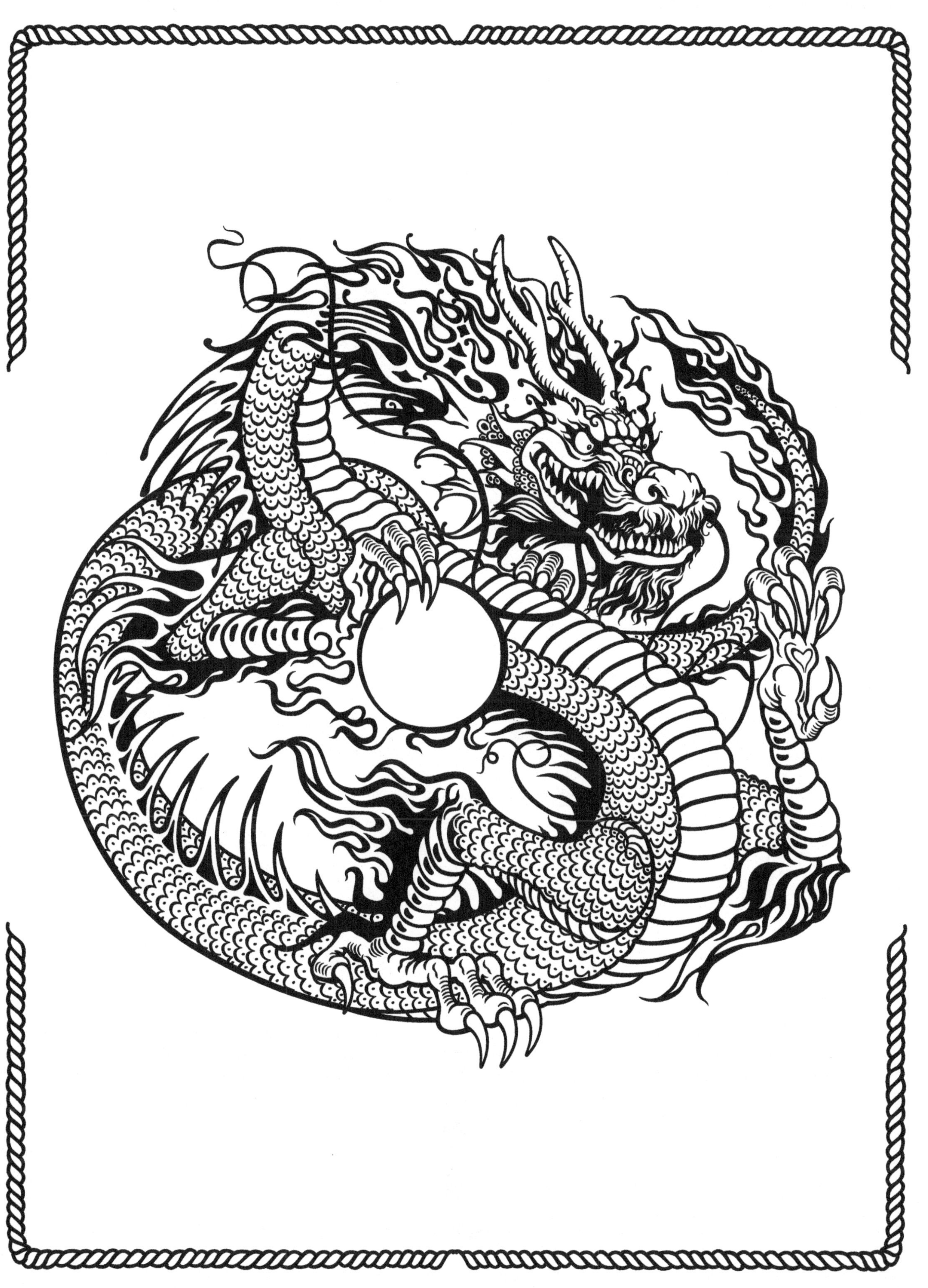

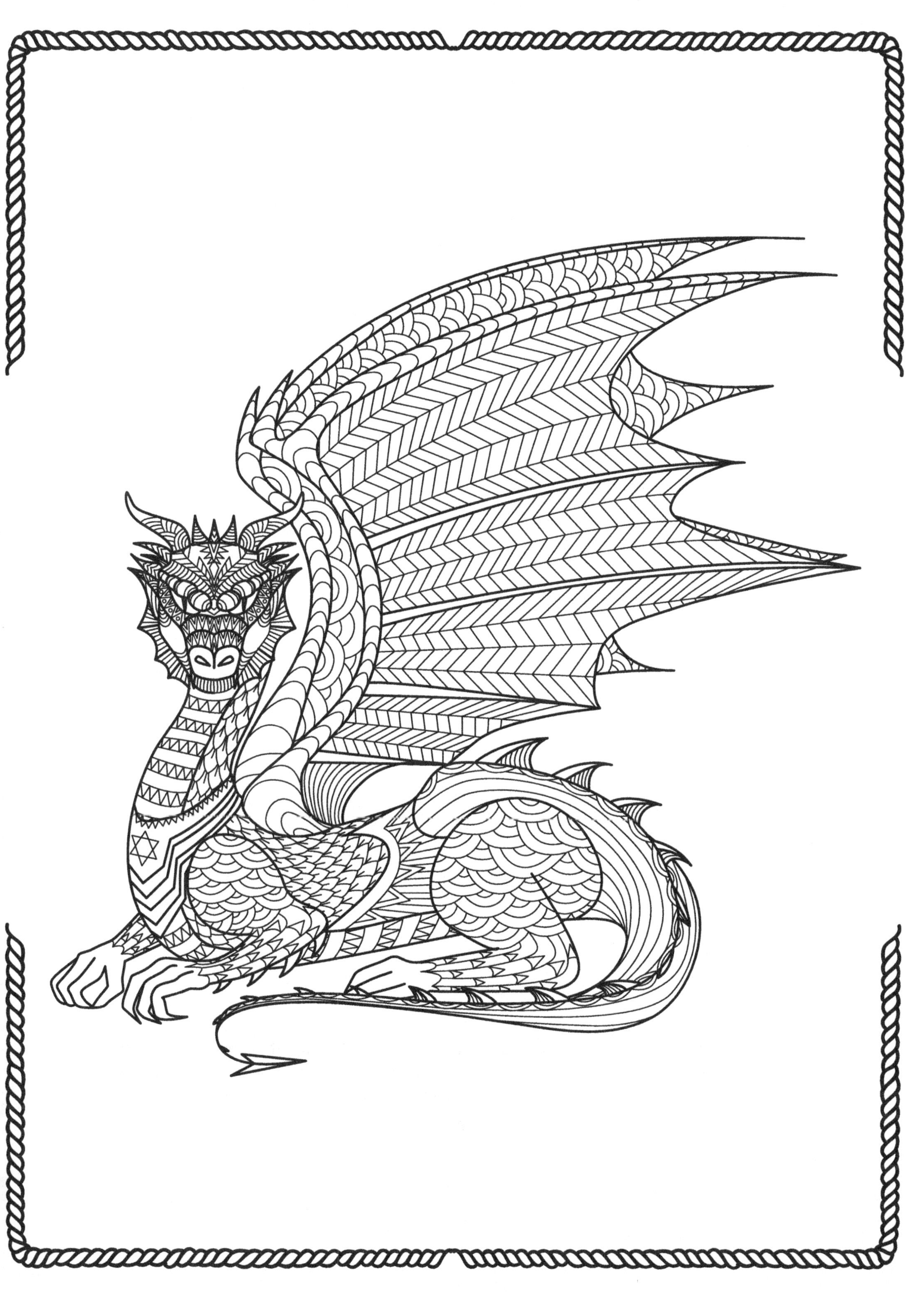

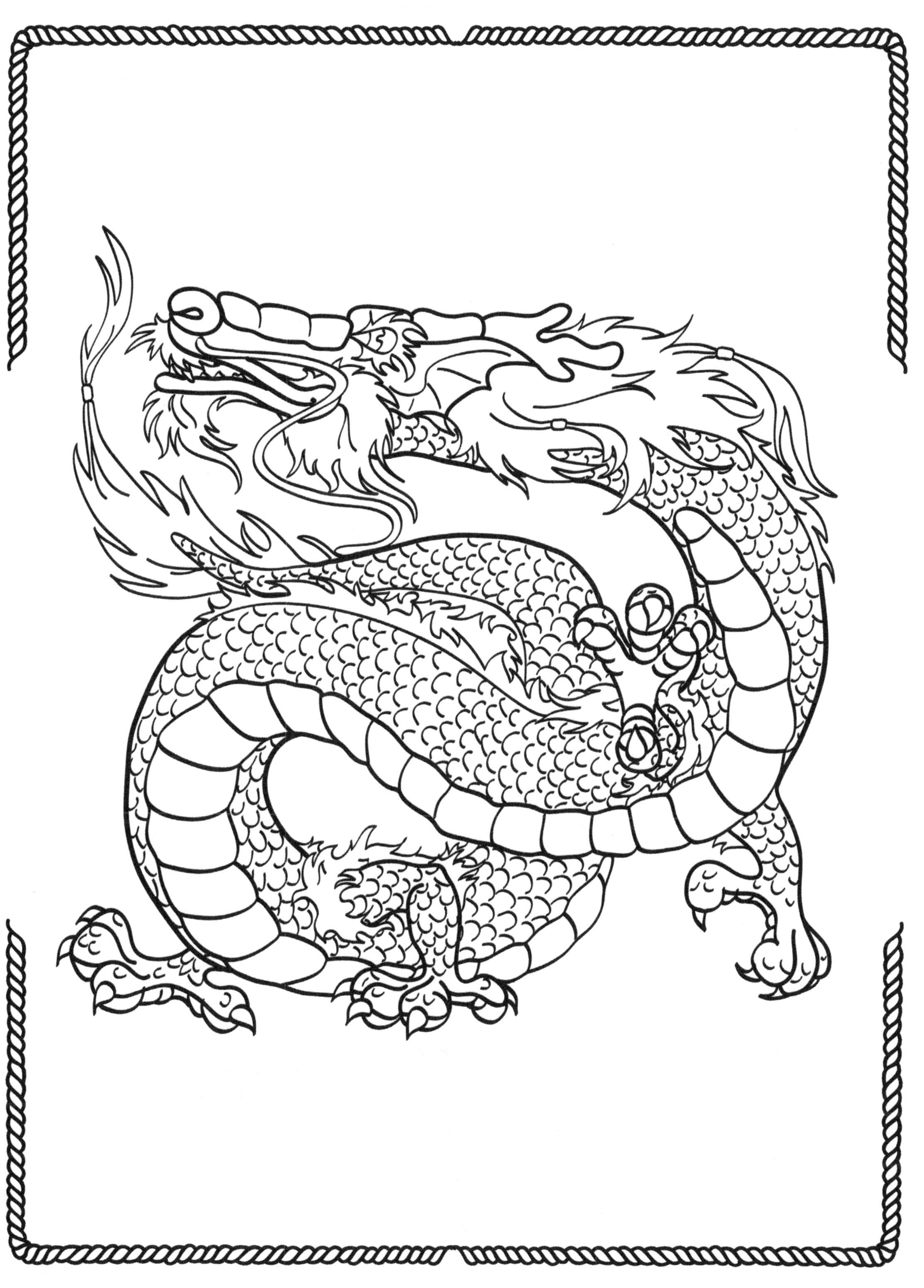

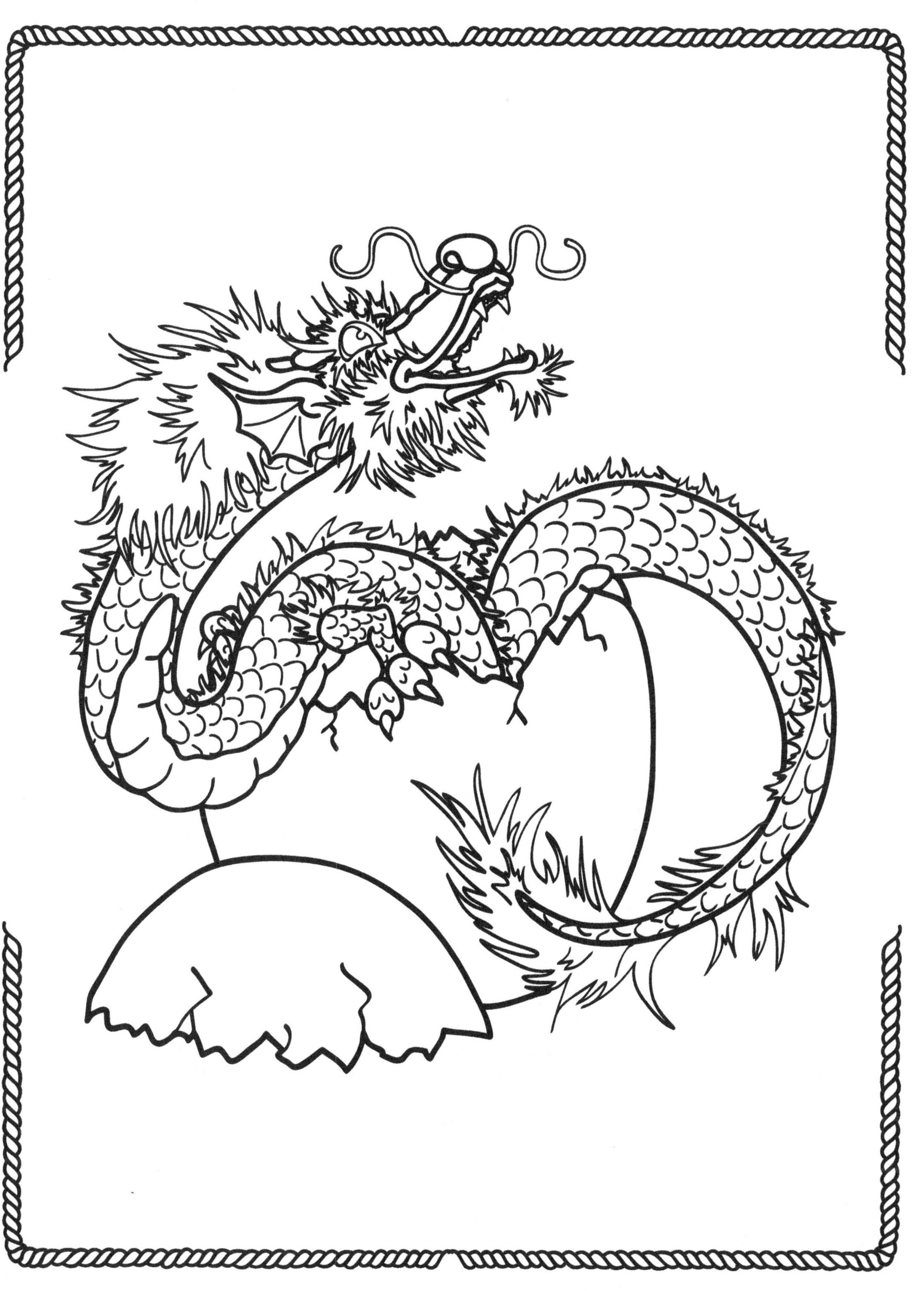

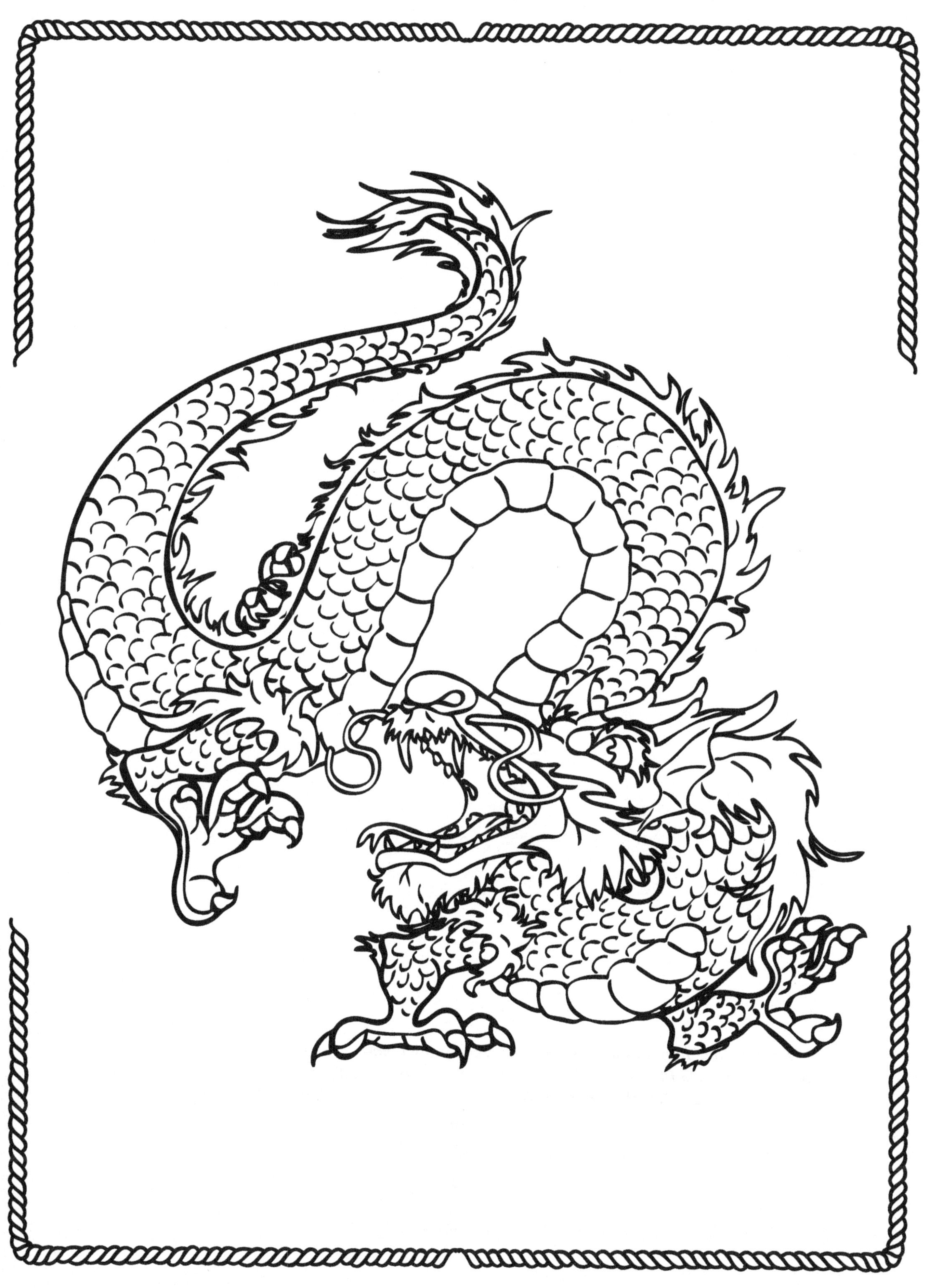

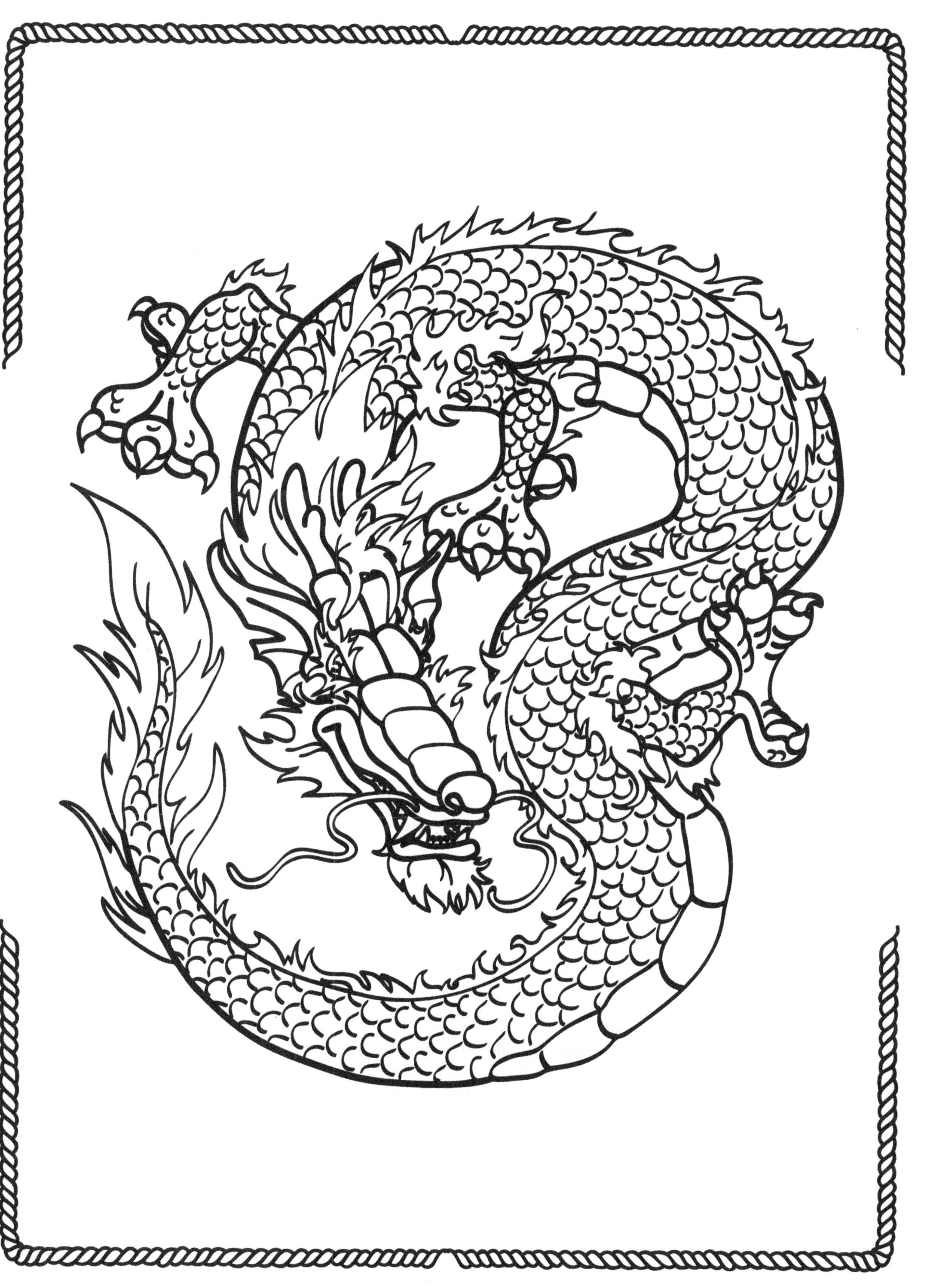

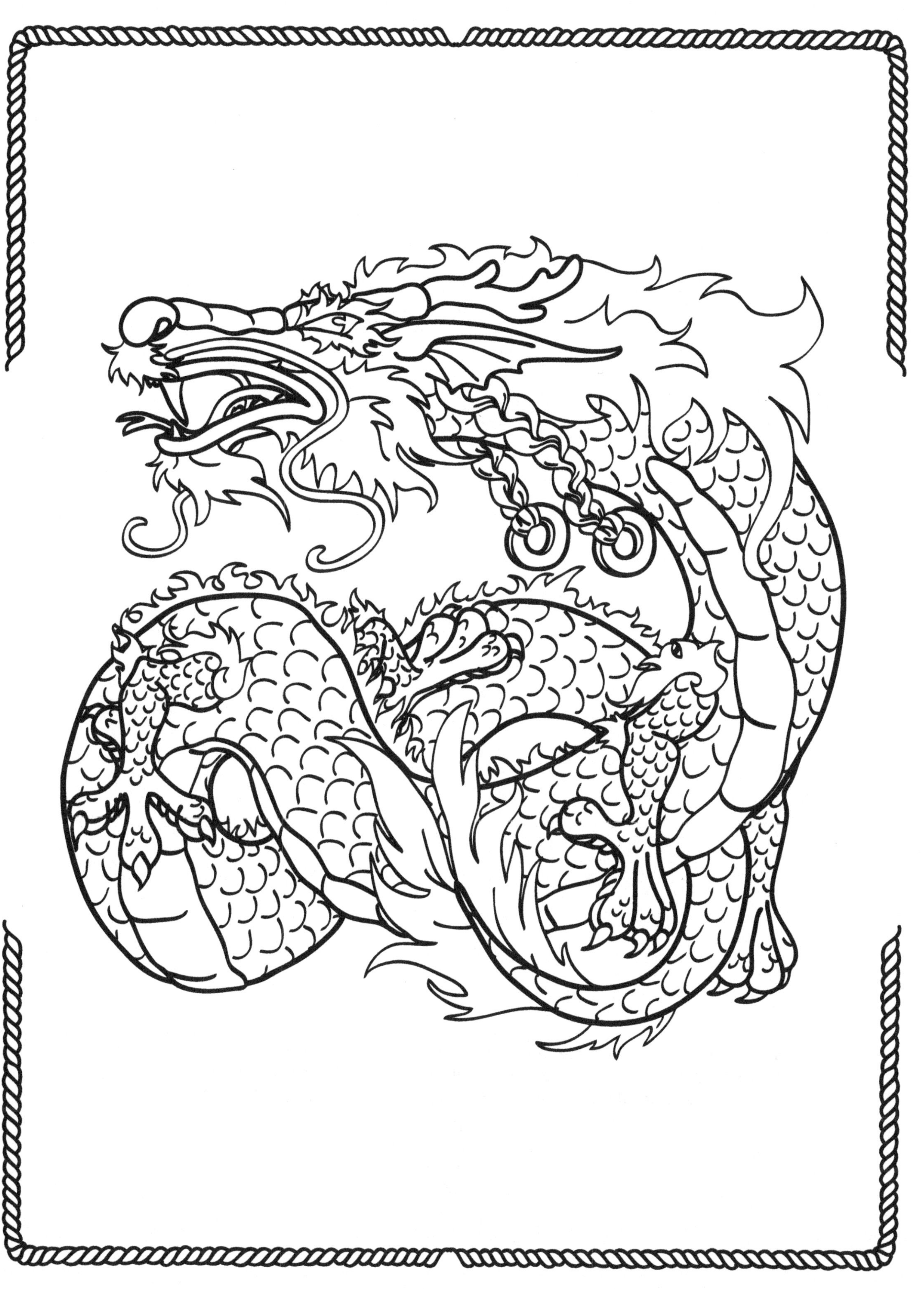

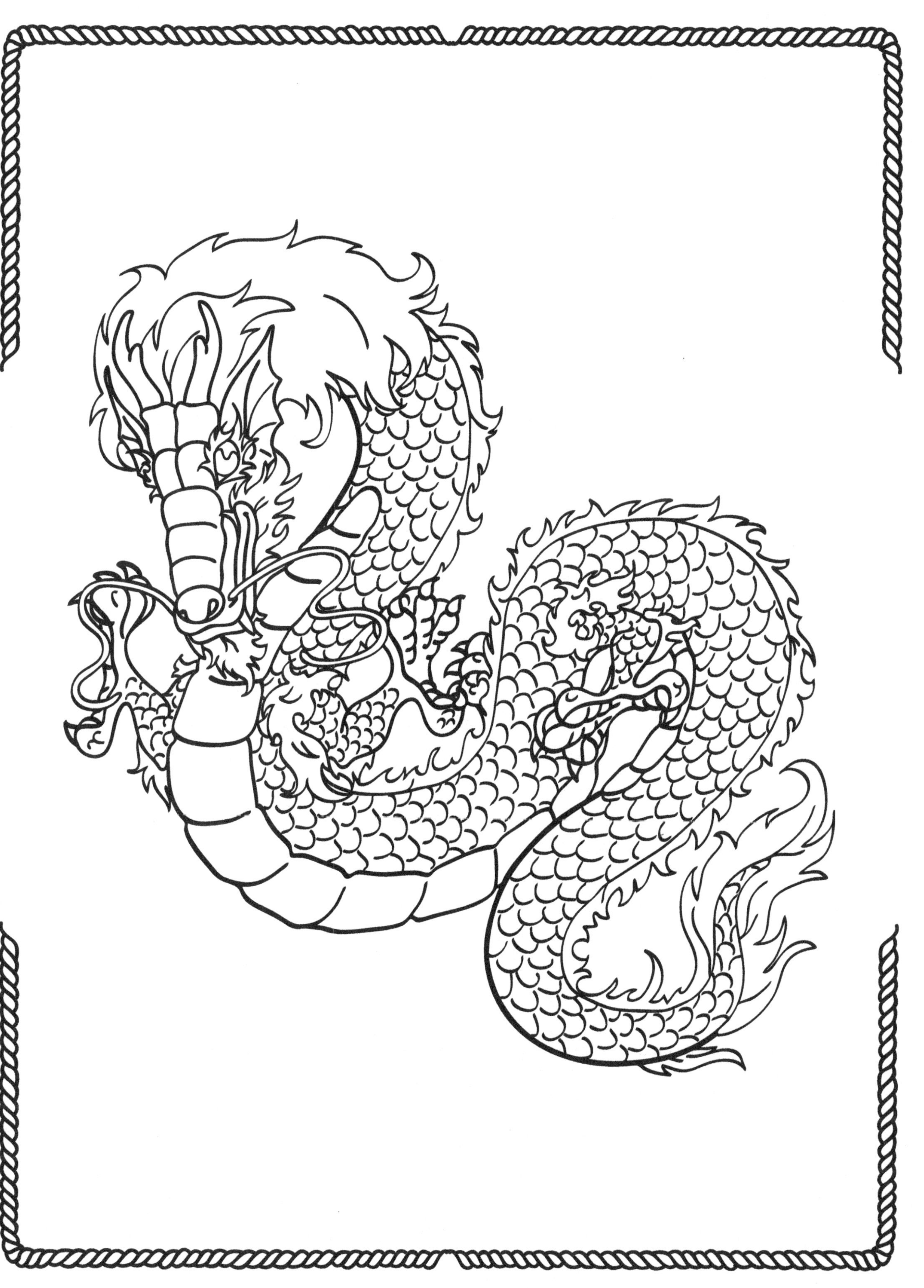

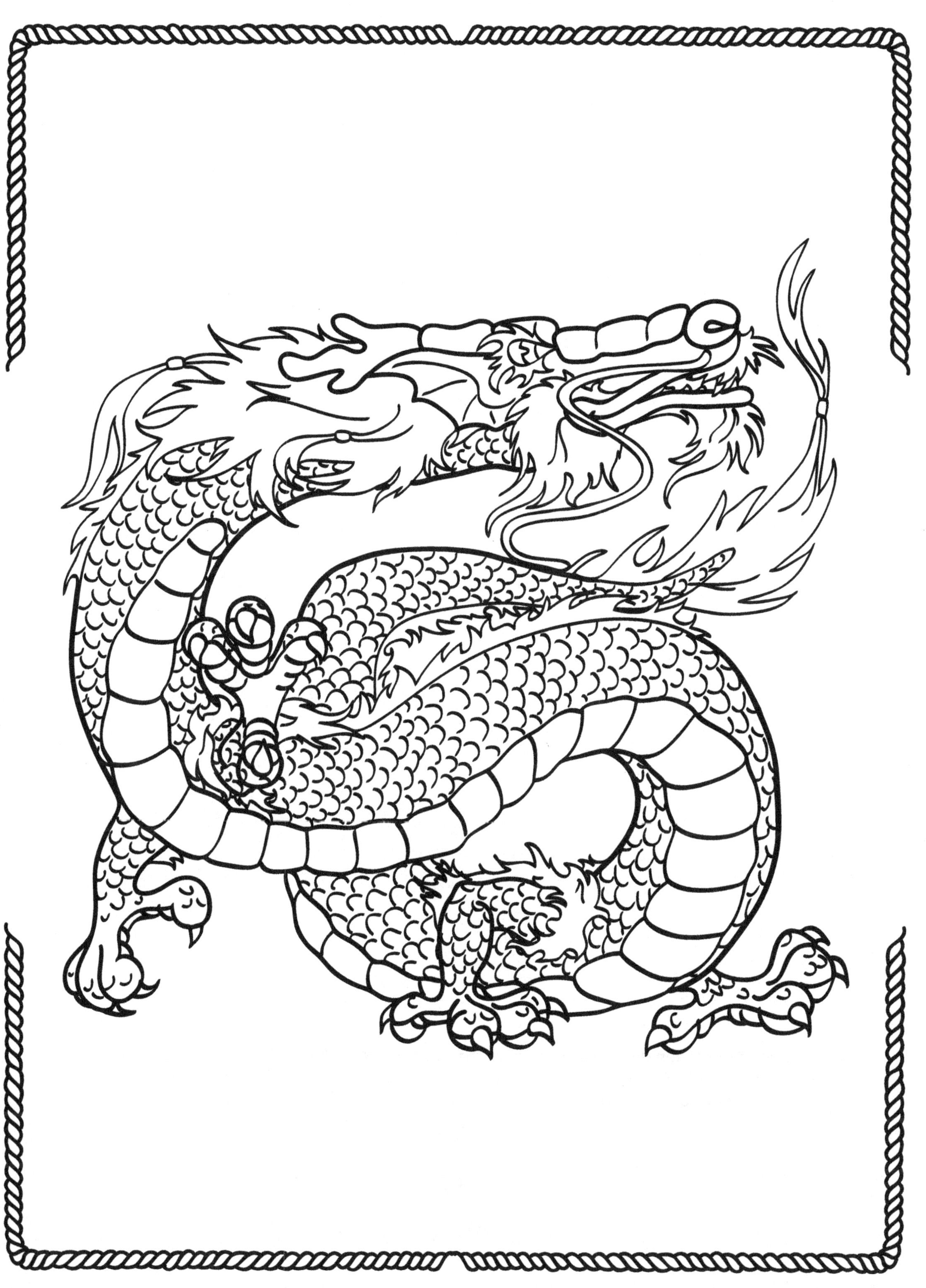

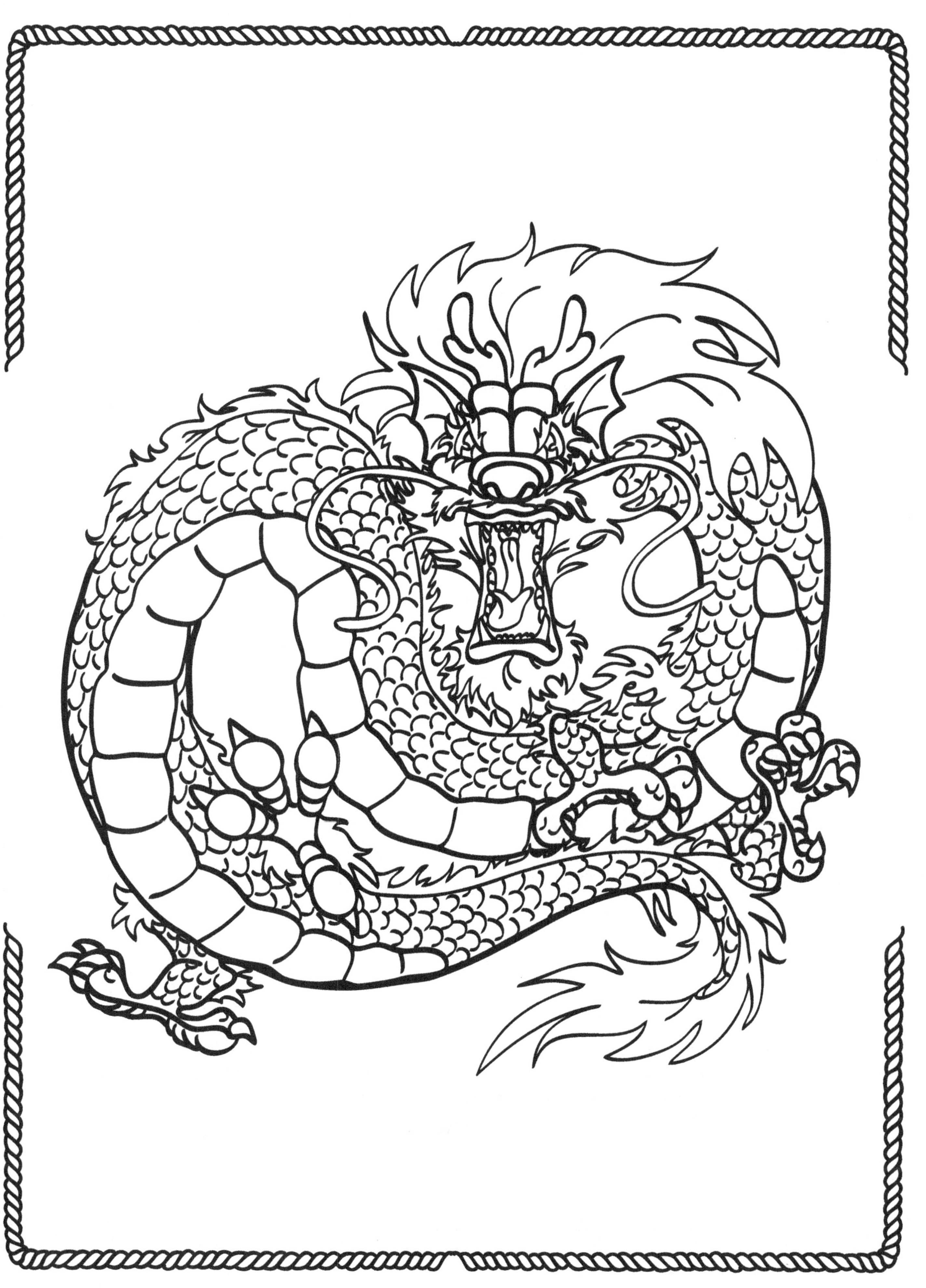

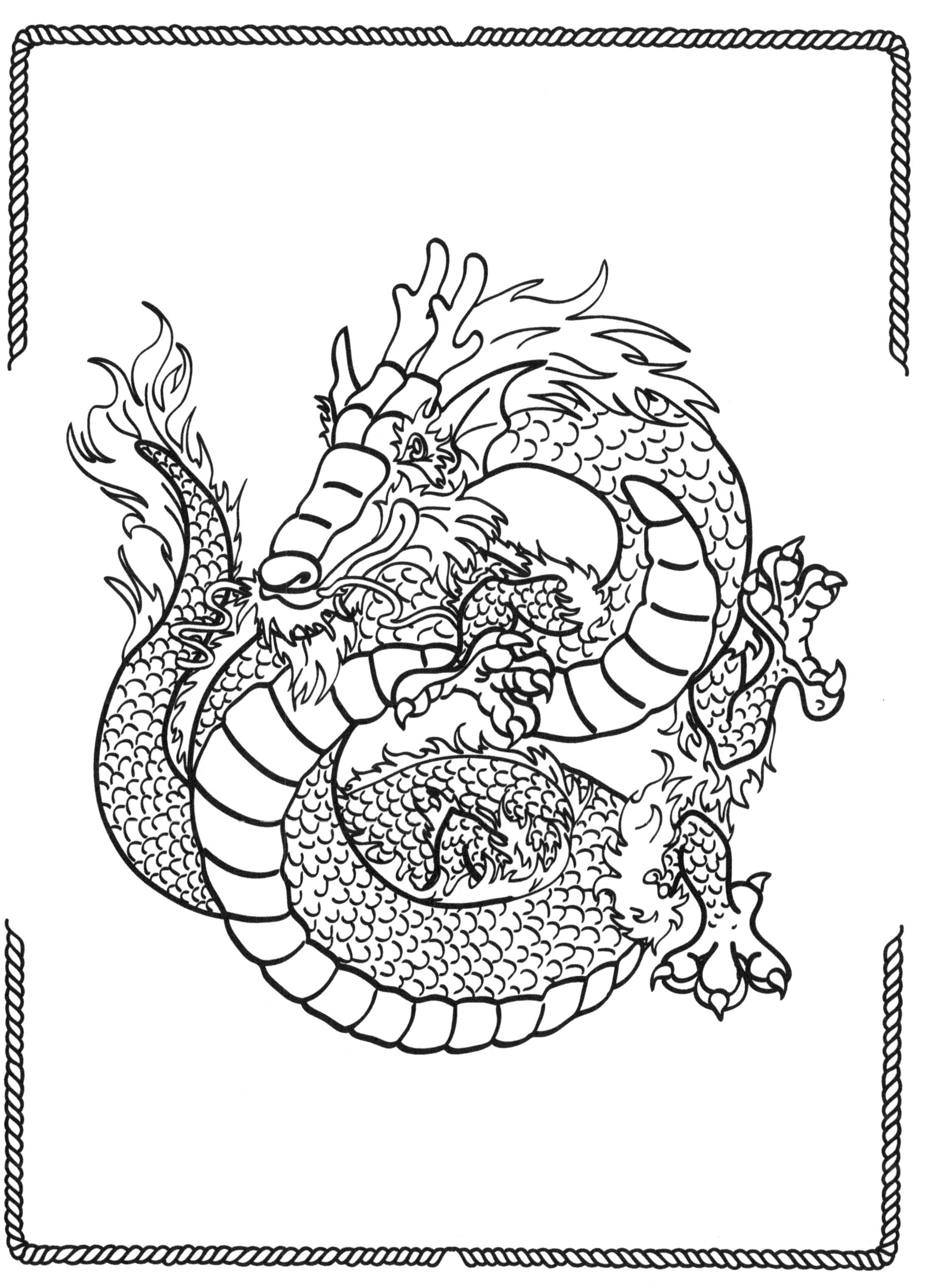

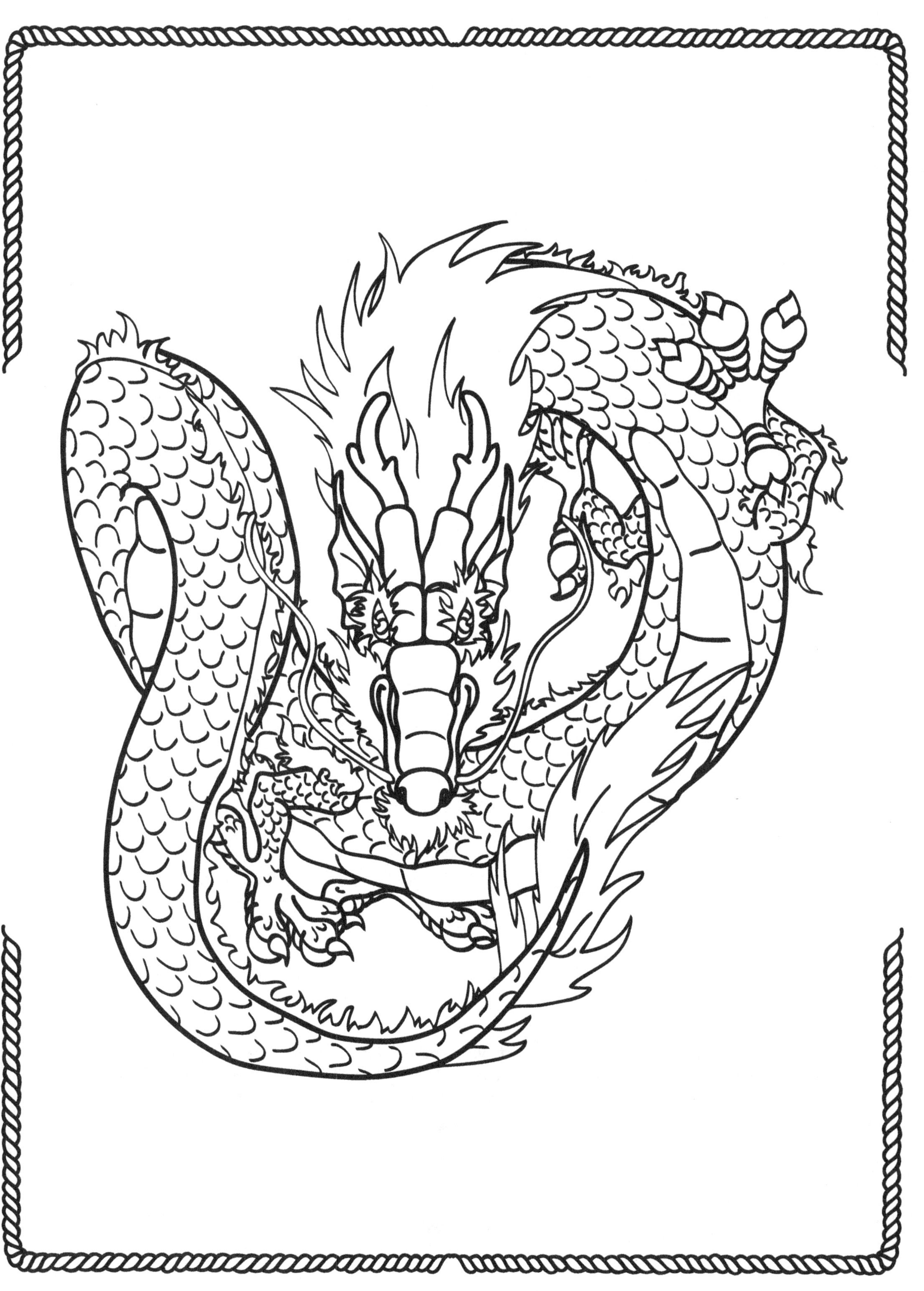

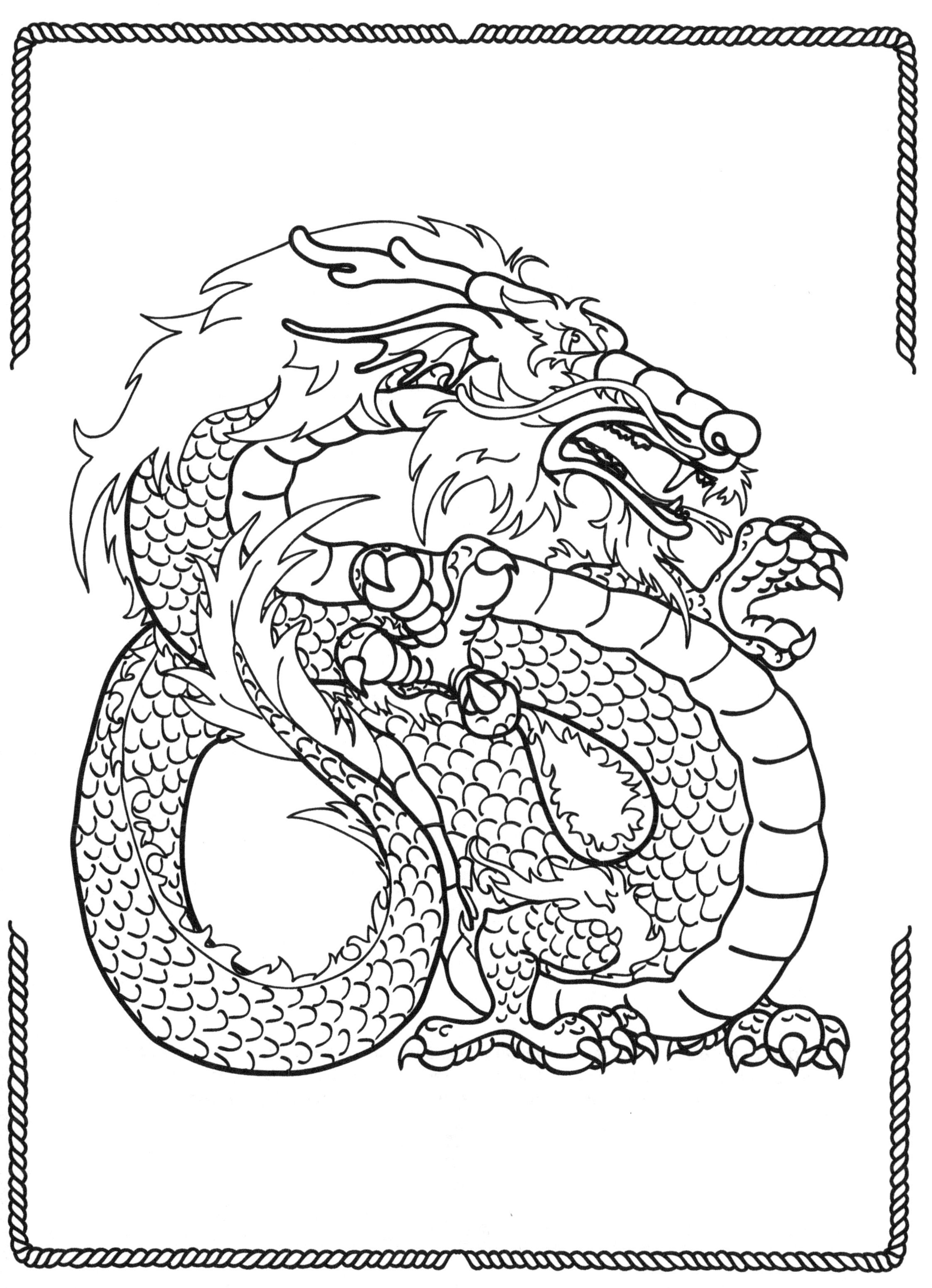

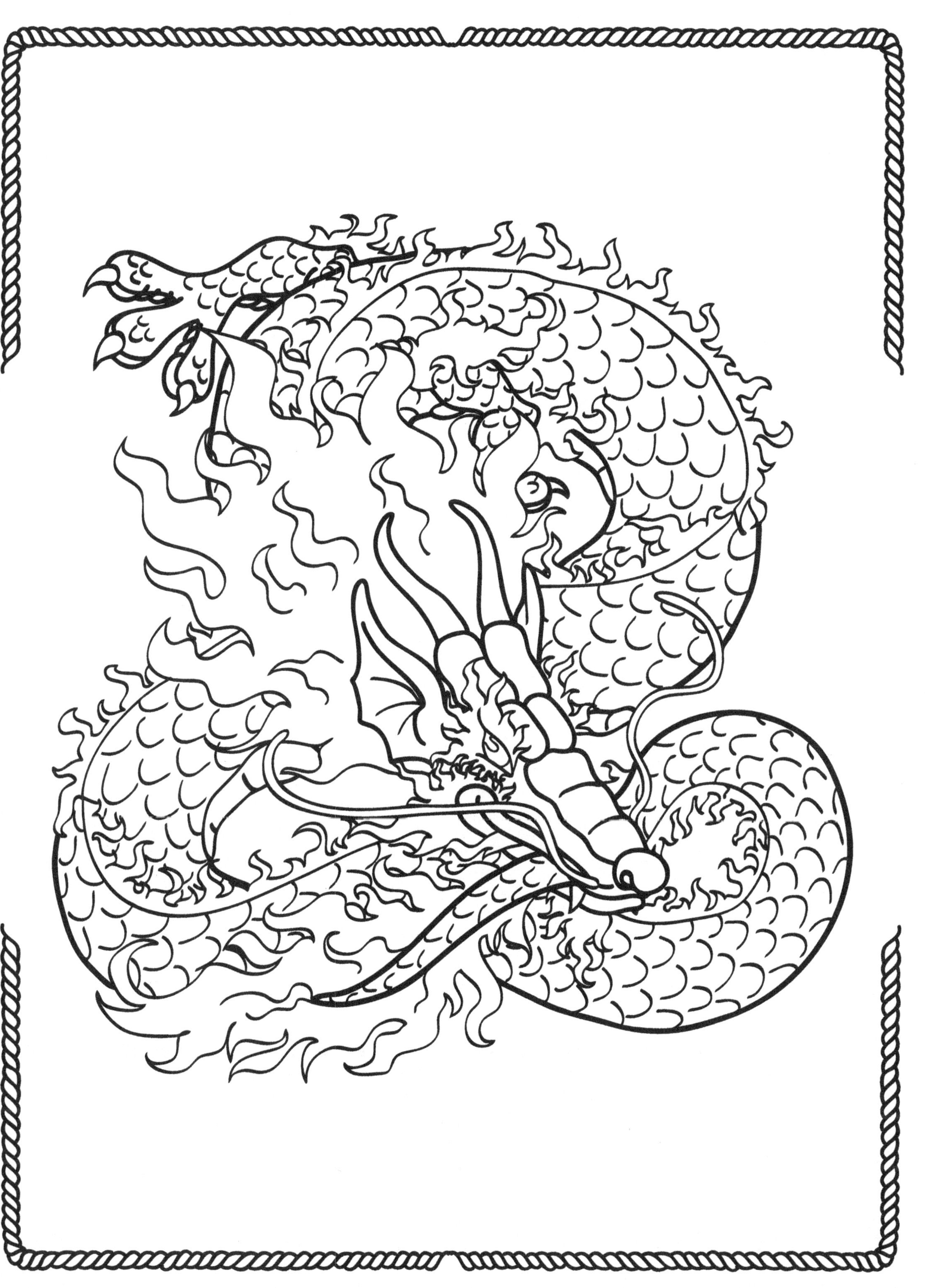

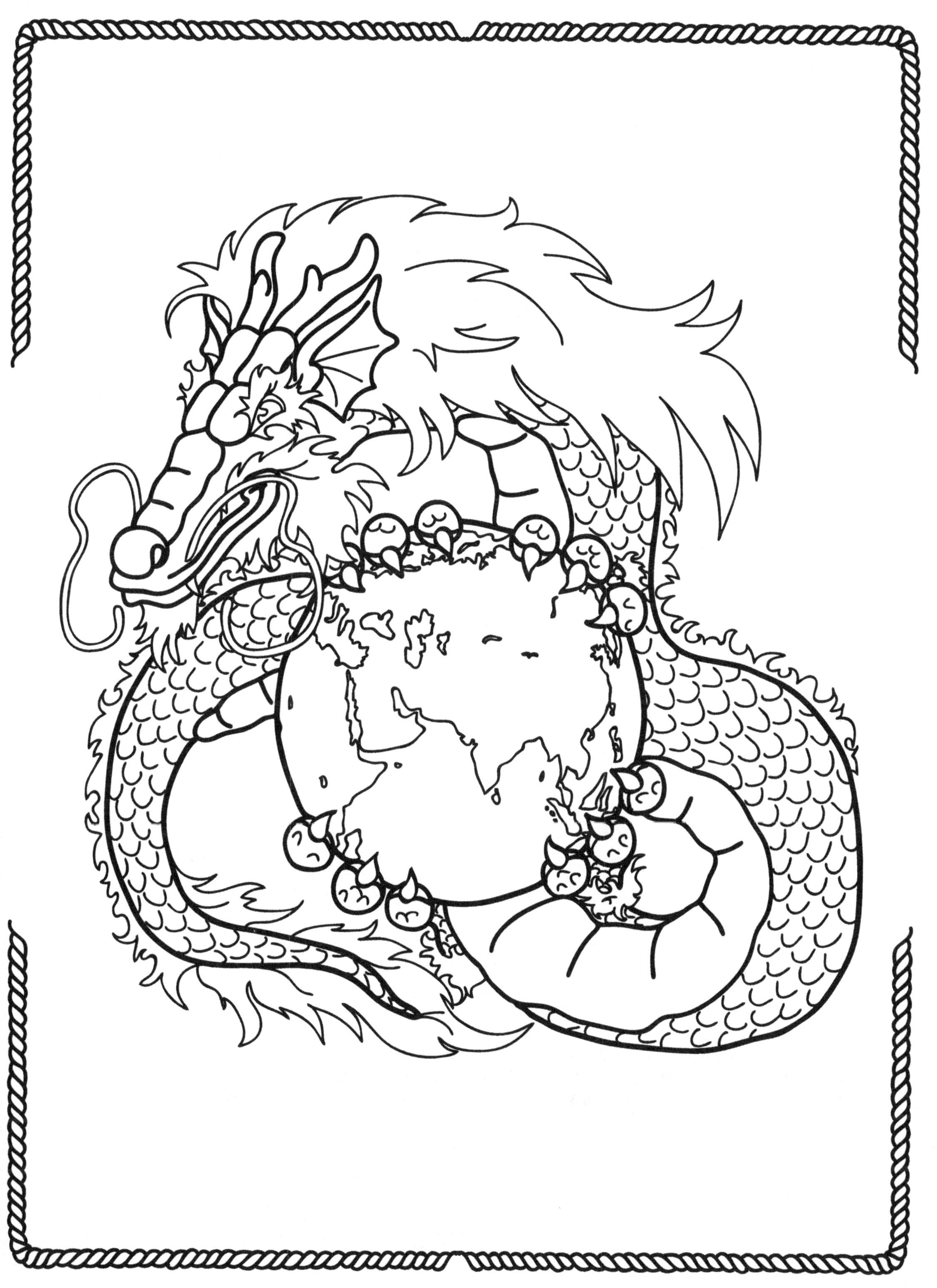

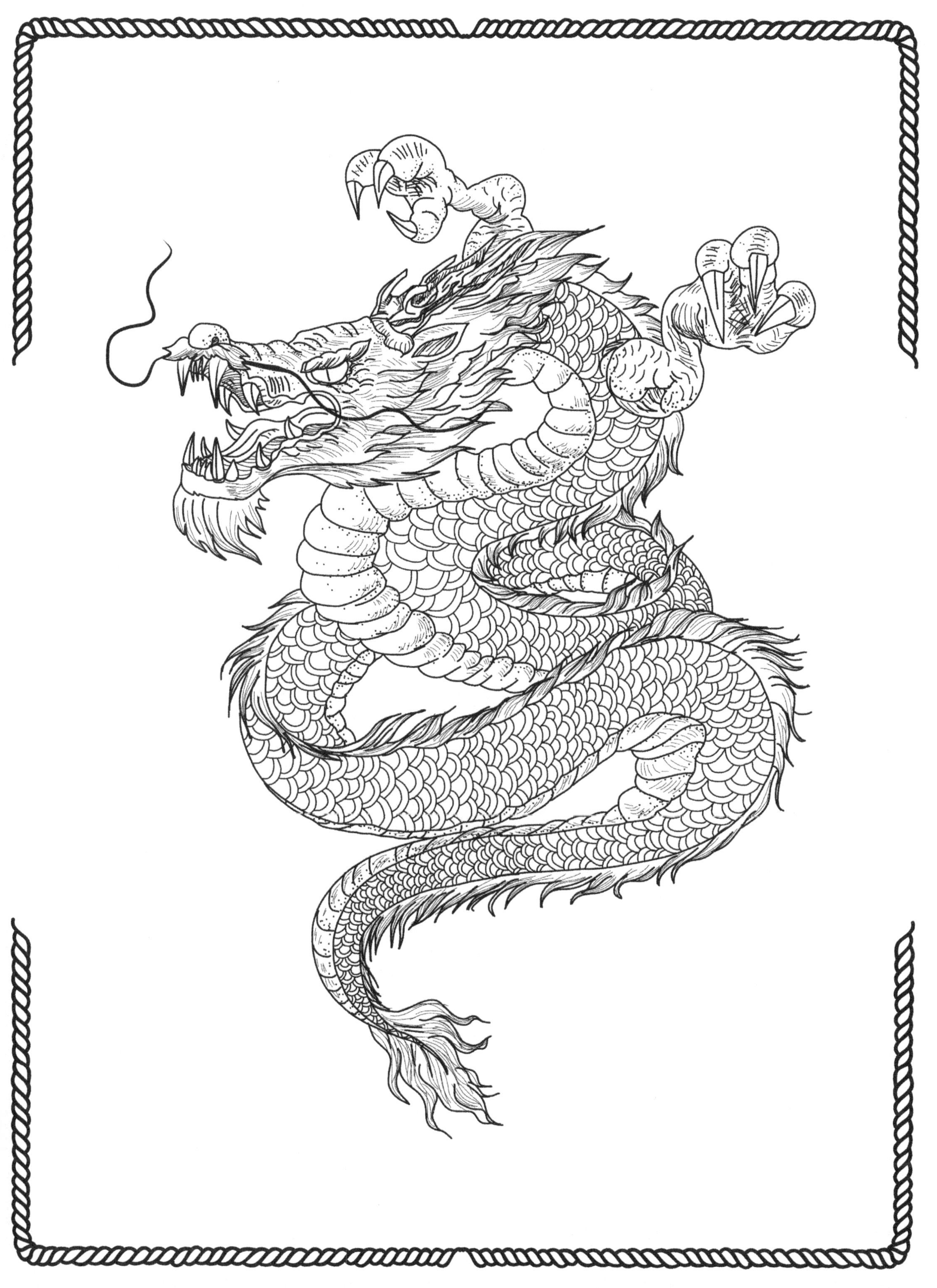

Made in the USA
Monee, IL
07 July 2026

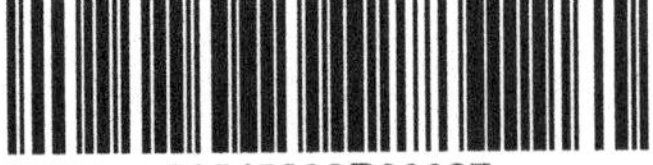